위인전기

❹

이순신

이
순신

머리말

'될 성부른 나무는 떡잎부터 알아본다' 는 속담이 있습니다. 이것은 크게 될 인물은 어릴 적부터 뭔가 달라도 다르다는 뜻입니다.

그러나 위인들의 생애를 읽어 내려가다 보면 이 말이 전적으로 옳다고는 생각하지 않을 것입니다.

학습 능력이 없다고 학교로부터 쫓겨난 에디슨, 듣지도 보지도 말하지도 못하는 헬렌 켈러, 끼니를 잇기 어려울 정도로 가난했던 링컨 등 헤아릴 수 없을 정도로 많은 위인들이 자신 앞에 처해 있는 환경이나 신체적인 결함에 좌절하지 않고 당당히 극복하여 단점을 장점으로 승화시켜 모든 것에서 승리를 거두었습니다.

인류의 평화와 안전을 위해 그리고 나라를 위해 단 하나밖에 없는 생명을 내던진 위인들과 과학자, 그리고 예술가 등 다양한 분야에서 온전히 자신을 내던진 위인들의 열정적인 삶이 생생하게 그려져 어린이들의 가슴속에 진한 감동으로 남을 것입니다.

고통과 시련을 딛고 일어나 위대한 업적을 이루어 낸 위인의 빛나는 삶을 통해 우리는 우리의 꿈과 이상을 다시 한 번 되새겨 볼 수 있습니다.

세계가 인정하는 열매를 맺기까지의 피나는 고통과 땀과 노력 그리고 좌절. 이러한 아픔을 당당히 이겨 내 마침내 승리자가 된 위인들의 삶을 통해 어린이들은 자신들이 겪어 보지 못한 다양한 삶을 경험하게 될 것입니다.

위인들의 어린 시절과 성장 과정을 통해 현재 자신의 모습을 되돌아볼 수 있는 좋은 기회이며, 또한 어린이들의 생각을 크고 높고 깊게 끌어올려 주며 어린이들에게 자신감을 불어넣어 주는 원동력이 될 것입니다.

참된 용기와 지혜로 세계를 움직인 위인들의 이야기는 역사가 살아 숨쉬고 있는 동안 우리를 비추어 줄 영원한 인생의 길잡이가 될 것입니다.

끝으로 한 명의 위인이 탄생하기 위해서는 개인의 꾸준한 노력과 함께 수많은 사람들의 희생과 격려가 있었음을 잊지 말아야 합니다.

차례

제1부
뜻을 세워라
전쟁 놀이 · 10
목멱산 · 21
사화 · 29

제2부
젊음의 무지개
활과 선비 · 44
송도 길 · 53
방씨 부인 · 66
장부의 뜻 · 73

제3부
벼슬길에서
여진 땅 · 88
훈련원 봉사 · 96
첫 수군 생활 · 106
정읍 현감 · 116

제4부
국난
전라 좌수사 · 134
거북선 · 140
이순신의 출전 · 148
당포 해전 · 155
무적 함대 · 165
한산 대첩 · 172

제5부
성웅 이순신
화의 · 188
삼도 수군 통제사 · 198
모략 · 203
북소리 · 213

- **해설**
- **연보**

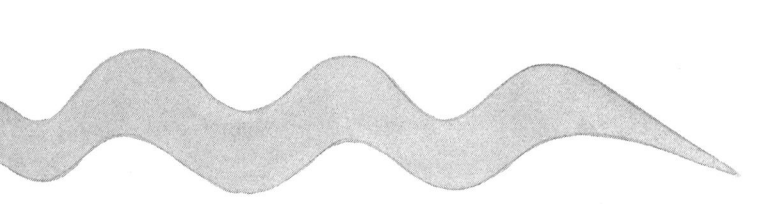

제1부

뜻을 세워라

전쟁 놀이

예닐곱 살부터 열두세 살에 이르기까지 그만그만한 아이들 10여 명이 마을 앞 냇가에 모였다.
"우리, 전쟁 놀이하자!"
제일 나이 많아 보이는 한 소년이 말했다.
"그래, 재미있겠다."
아이들 모두 동의하고 나섰다.
"그럼, 편을 나누어야 해. 난 큰 마을에 사니까 큰 마을 대장을 맡겠어. 그런데 너희들 건너 마을은 누가 대장을 할 거니?"
소년이 다시 되물었다.
건너 마을 아이들은 너댓 명밖에 되지 않는데 그 중 제일 큰 아이래야 10살밖에 되지 않았다. 기운으로나 숫자로나 부족해 보였다.
"글쎄······."
그래선지 선뜻 대답을 못 한다.
조금 떨어진 자리에 못 보던 덩치가 큰 한 소년이 서 있다.
"쟤는 누구니? 쟤를 대장 시키면 되잖아?"
큰 마을 대장이 된 아이가 말했다.
이 곳은 충청도 아산 백암리(뱀밭)로서 가야산 동쪽으로 서해가 깊숙이 들어온 지금의 '충남 평야' 일대이다.

"애는 외가집에 놀러 온 아이야."

건너 마을의 한 아이가 대답했다.

"그래서 혼자 서 있었구나. 넌 이름이 뭐니?"

큰 마을 대장이 물었다.

"순신이야, 이순신."

그 아이는 또렷한 목소리로 대답했다.

"몇 살이니?"

"여덟 살."

"정말? 거짓말이겠지."

큰 마을 대장은 눈을 크게 뜨며 되물었다. 사실 8살 치곤 키와 체격이 너무 컸다. 덩치가 큰 마올 대장과 거의 낯먹을 정도였기 때문이다.

"그럼, 네가 건너 마을 대장을 해. 너도 전쟁 놀이를 할 줄 알지?"

순신은 대답 대신 고개를 끄덕였다.

이순신은 조선조 제12대 임금인 인종 원년(1545) 3월 8일에 서울 '건천동'에서 태어났다. 건천동은 지금의 남산 기슭을 말한다.

그 곳에서 이순신은 서애 유성룡(1542~1607)과 함께 벗하여 자랐다는 기록이 ≪서애집≫에 있다.

순신의 아버지는 이정이었고 어머니는 변씨였다. 순신은 위로 희신과 요신의 두 형이 있었고 아래로 동생 우신이 있었다. 형제들 이름은 중국 고대의 성인들 이름에서 딴 것으로, 순신의 이름도 '순임금'에서 따왔다는 얘기가 있다.

순신은 서너 살이 되면서 한문을 배우기 시작했는데 이것은 그 당시 사대부 가문의 관습으로 볼 때 별로 특별한 일이 아니었다.

순신이 처음 글을 배우기 시작했을 무렵부터 그의 아버지 이정은 다음과 같은 훈계를 했다.

"우리 가문은 '덕수 이씨' 집안이다. 혹시 다른 사람이 너에게 뉘 집 자손이냐고 묻거든 덕수 이씨 중랑장 할아버지의 12대 손이라고 대답해라."

아버지는 순신에게 그런 집안의 내력을 일러 주었다.

"예."

어린 순신은 두 무릎을 꿇고서 말똥말똥한 눈으로 아버지를 쳐다보더니 궁금한 듯이 물었다.

"그런데 중랑장이 어떤 벼슬이에요?"

"고려 때 벼슬로 지금은 없어졌지만, 장군 버금가는 지위였단다."

이정은 아들의 질문이 좀 뜻밖이란 듯 순신의 얼굴을 보았다.

"그럼, 말 타고 칼을 차고서 군사들에게 호령했겠네요?"

티없이 밝은 질문에 이정은 미소를 머금었다. 그리고 이렇게 훈계하는 것이었다.

"그야, 그러셨겠지. 하지만 순신아."

"예."

"사람에게는 벼슬의 높고 낮음이 중요한 게 아니라 신하로서 임금께 충성하고 자식된 도리로써 어버이께 효도하여 자기의 할 일을 다하는 것이 중요하단다."

"예."

이렇게 대답하는 순신의 얼굴에는 자랑스러움이 역력했다. 그 마음속에는 시조 할아버지의 늠름한 모습이 이미 그려져 있었던 것이다.

"4대 할아버지로 윤온·윤번 형제분이 계셨는데 이 때 우리 집안은 동생되시는 윤번 어른의 제사를 받들며 갈라졌지."

순신도 고개를 끄덕였다. 집안이 번성하면 큰집, 작은집으로 나누어지며 이윽고 먼 후손이 되면 '파'가 달라진다는 것을 그도 알고 있었기 때문이다.

그리고 이것은 나중에 안 일이지만, 율곡 이이와는 이 때 파가 갈라진 19촌 '숙질' 간이었던 것이다.

이이(1536~1584)는 순신이 태어났을 때 벌써 9살이었다. 그러나 항렬로는 순신이 12대이고, 율곡이 13대이기 때문에 먼 아저씨뻘이었던 것이다.

"다시 7대 할아버지로 변이란 어른이 계시다. 이분은 영중추부사까지 오르셨다."

"그것은 어떤 벼슬이지요?"

"중앙(서울)에 있으면서 군영을 모두 다스리는 높은 자리다."
"그러면 장군보다 높겠네요?"
"사람이란 벼슬이 높고 낮은 게 중요하지 않다고 했잖느냐!"

나무람 속에서도 아버지는 빙긋이 웃었다. 뭐니 뭐니 해도 조상들의 벼슬은 집안의 자랑이기 때문이다.

이변(1391~1473)은 조선조에 들어 덕수 이씨로는 처음으로 높은 벼슬을 한 분이다. 그는 세종 원년 문과에 급제하고 '승문원 박사'에 임명되었는데 중국어를 잘하여 '승문 사역'이란 직책도 겸했었다. 세조 때에는 형조 판서로서 예문관 대제학도 지낸 문무에 걸쳐 뛰어난 분이었다.

특히 이분은 오래 살아 83살의 천수를 다 했는데, 임금 앞에서 지팡이를 짚거나 길상에 앉을 수 있는 특권까지 하사받았다. 그가 죽고 나자 나라에서 '정간'이라는 시호를 내렸는데, 순신의 가문은 덕수 이씨 정간공파였던 것이다.

또다시 순신은 정간공 할아버지의 모습을 떠올리며 기뻐하고 있었다.

당시 순신의 집은 목멱산 기슭에 있었기 때문에 군인들의 모습을 자주 볼 수 있었는데 목멱산은 당시의 국방 요지로 봉화둑이 있었다. 따라서 시간 맞추어 교대하는 군인들의 행진을 볼 수 있었고, 훈련하는 광경도 보았다.

어린 순신은 그런 것을 보면서 막연하나마

'나도 크면 저런 장수가 되어야지.'
하고 생각했던 것이다.

그런 희망이 아버지의 훈계를 듣게 됨으로써 더욱 커지고 뚜렷해졌다.

순신이 태어난 건천동은 묵사동과 가깝다. 묵사동은 '먹제골'로서, 묵사라는 절이 있어 그런 이름을 붙였다고 한다.

순신은 어렸을 때 먹제골에 가서 자주 놀았는데 서당이 그 근처에 있었기 때문에 그 동네 아이들과도 친해졌다.

6살 때까지 집에서 아버지에게 〈천자문〉과 〈동몽선습〉을 배우고 있던 순신은

"이제는 서당에서 배우는 게 좋을 것이다. 마침 먹제골에 좋은 선생님이 계시고 네 형 요신도 그 서당에 다니니까 함께 다니도록 해라."

하는 아버지의 말씀을 따라 형과 함께 서당을 다니기 시작했다.

첫날은 아버지와 함께 서당에 갔으므로 별일이 없었는데 이틀째 되는 날이었다. 《명심보감》을 옆구리에 끼고 비탈길을 내려오는 순신 앞에 아이들 너댓 명이 갑자기 나타나 길을 막았다.

"야, 못 보던 아이다. 너 어디 사냐?"

순신은 대답도 않고 그들을 하나하나 천천히 둘러보았다. 그 모습이 아이들의 적개심을 더욱 높였다.

"요것 봐라! 우리들을 노려보네."

"그래, 건방진 녀석이야. 옆구리에 책까지 끼고 있잖아."

그제서야 순신은 입을 열었다.

"비켜!"

"흥! 비키라고? 그러면 통행세를 내."

"통행세가 뭐야?"

"글방에 다니면서 그것도 몰라. '관문'에서 지나가는 사람에게 세금을 받는다는 얘기도 못 들어 봤어?"

"여긴 관원이 아니잖아. 그리고 난 돈이 하나도 없어."

"누가 돈을 달라고 했니? 네 옆구리에 낀 책을 내 놔."

한 아이가 말하자 다른 아이들이 점점 거리를 좁혀왔다.

순신은 한 걸음 뒤로 물러났다. 뒤에는 산비탈로 밤나무가 있었다.

도망 갈 길은 없지만 적어도 등 뒤에서 습격 받을 염려는 없었다.

"책은 뭐하려고?"

"무슨 책인지 보려구. 그리고 엿과 바꾸어 먹을 생각이야."

그 말에 아이들이 모두 웃자 순신은 화가 치미는 듯

"뭐라고?"

하고 자기도 모르게 소리를 질렀다.

"책이 얼마나 귀중한 것인지 너희들은 알아? 그런 책을 엿과 바꾸어 먹겠다고! 좋아, 너희들과 싸워 주겠다. 그러나 이 책만은 누구도 못 건드려."

순신은 얼굴까지 빨개지며 책을 밤나무 아래에 소중히 내려놓았다. 그런 순신의 태도는 정말 누구라도 그 책을 건드리면 가만두지 않을 것처럼 보였다.

그 당시는 책이 귀하여 값이 비쌌고, 또 순신의 집은 가난했기 때문에 그의 이러한 행동도 무리가 아니었다.

순신이 싸울 자세를 취하자, 아이들은 한 걸음 물러서면서도
"아니, 요것 봐라!"
하며 달려들려 했다.

그러나 순신보다 한두 살 많아 보이는 아이 하나가 말했다.
"그만 두자. 우리가 잘못한 것 같다."
"뭐라고? 성룡아, 너는 이 아이를 그냥 놔두자는 거니?"
"그래."
"어째서?"
"책은 귀한 것이야. 책에는 성현의 말씀이나 가르침이 씌어 있어. 그것을 빼앗아 엿을 바꾸어 먹겠다고 한 것은 우리 잘못이잖아!"

성룡이라는 아이의 말은 조리가 있었다. 그 말에 다른 아이들은 머쓱해졌다. 그들도 모두 사대부 집 아이들로 서당에 다니고 있는 터라 책의 귀함을 알고 있었다.

"좋아! 오늘은 그냥 보내 주겠다."
이렇게 말하며 아이들은 모두 가 버렸다.

주먹을 움켜쥐고 잔뜩 긴장해 있던 순신은 일이 뜻밖으로 되어

오히려 이상할 정도였다.

"고마워. 그런데 어째서 날 도와 주었니?"

순신은 그렇게 물었다.

"음, 사실은 네 형님 요신과 나는 친구야."

"그렇다면 진작 그럴 것이지. 하마터면 싸울 뻔했잖아."

순신은 밤나무 아래 놓아 두었던 책을 집었다. 그러자 성룡은 다시 말을 했다.

"그리고 네 행동도 보고 싶었어."

"뭐라고?"

남에게 지기 싫어하는 순신은 자기 행동을 보기 위해 일부러 그랬다는 말에 은근히 화가 났다.

그러나 성룡은 싱긋 웃었다.

"넌 용기가 대단한걸. 게다가 병법도 알고 있는 것 같고."

"병법이 뭔데?"

"전쟁을 하는 방법이지. 아까 네가 비탈을 등지고 싸우려 했던 것도 병법이야."

"그런 게 병법이야?"

병법이 그런 것이라면 별것 아니라고 순신은 생각했다.

"옛날에 어떤 장군은 불때는 아궁이의 수를 줄여 적들의 눈을 속이고 싸움을 승리로 이끌었다더군. 이게 바로 병법이라는 것이야."

순신은 성룡의 말이 재미있었다. 그리고 자기보다 많은 것을 알고 있는 친구의 얼굴을 새삼 경탄의 눈으로 바라보며 물었다.

"아궁이의 수로 어떻게 적을 속였다는 거지?"

"그것은 간단해. 군사들은 쌀을 가지고 다니며 밥 때가 되면, 아궁이를 만들어 불을 지피고 그 위에 가마솥 따위를 걸어 놓고 밥을 지어 먹잖아. 그러니까 아궁이의 수가 적어지면 그 만큼 밥 먹은 사람, 즉 병력도 적을 것이라고 상대편은 생각할 것 아니겠어? 그래서 적을 얕보고 덤벼들었던 거야. 이렇게 적이 얕보도록 꾀를 내는 것 따위가 싸움의 방법인 셈이지."

"그렇구나!"

이 소년은 뒷날 훌륭한 정치가로서 활약한 서애 유성룡이다.

"그런데 어떻게 그런 것을 잘 알고 있어?"

순신은 성룡의 해박한 지식에 존경심마저 생기는지 그의 얼굴을 쳐다보며 물었다. 그러자 성룡은 크게 웃었다.

"이제 너도 조금 있으면 〈통감〉을 배우게 될 거야. 그러면 병법을 많이 배우게 된단다."

그 당시 한문 공부는 〈천자문〉에서 시작하여 〈동몽선습〉·〈명심보감〉·〈소학〉 그리고 〈통감〉을 배우는 것이 일반적인 과정이었다. 이렇게 〈통감〉까지 배우고 나면 지금의 중학교에 해당하는 과정을 마치는 셈이다.

그리고 나면 '4서 3경'을 배운다.

성룡은 부드러운 표정을 지으며 말했다.

"너, 우리 집에 가지 않을래? 재미있는 것을 보여 줄게."

"재미있는 것이 뭔데?"

"내가 지금 배우고 있는 통감이야. 그림도 있어."

순신은 잠깐 생각하는 듯하더니 고개를 저으며 대답했다.

"가고는 싶지만 이 다음에 갈게. 오늘은 집에 얘기를 하지 않고 와서 어머님이 기다리실 테니까 바로 돌아가야 해."

순신은 말을 마치고 나서 발걸음을 돌렸다. 성룡은 그런 순신의 뒷모습을 한참 동안이나 지켜 보고 있었다.

목멱산

목멱은 우리의 옛말로 '마뫼', 즉 남산이란 뜻을 한자로 나타낸 것이라고 한다. 이 밖에도 목멱을 가리켜 인경, 또는 종남산이라 부르기도 한다.

그 날 이후 순신은 성룡과 친해지면서 목멱산에 대해 새로운 것을 알았다. 어느덧 순신도 7살이 되어 〈소학〉을 배우게 되었다.

어느 날, 성룡이 별안간 생각난 듯이 말했다.

"너는 커서 무엇이 될래?"

"글쎄……."

순신은 갑작스런 물음에 좀 어리둥절했지만, 곧 단호하게 말했다.

"난 무인이 되고 싶어."

성룡은 미소를 지으며 고개를 끄덕였다. 그는 이미 통감도 다 떼고, 4서 3경의 하나인 〈논어〉를 배우고 있는 중이었다.

"이를테면 저 뾰족하고 날카로운 북악처럼 말이지?"

순신은 아직 어렸기 때문에 성룡의 말을 잘 이해하지 못했다.

"그런데 형은 무엇이 되고 싶어? 문신이 되고 싶지?"

"음, 나는 부드러운 목멱처럼 되고 싶단다."

"왜 목멱산이 되고 싶다는 거지? 목멱을 좋아하나 봐."

순신은 북악을 무인에 비유하고, 목멱을 문신에 비유한 뜻을 잘 몰랐다. 그러나 그런 것은 아무래도 좋았다. 순신의 입장에선 성룡과 함께 있는 시간이 즐겁기만 했던 것이다.

"왜냐 하면 목멱은 사람들의 눈을 시원스럽게 해 주기 때문이야. 학문을 쌓아서 백성들의 눈을 시원스럽게 뜨게 해 주는 역할을 하고 싶어."

성룡이 웃으며 말했다.

"그렇지만 난 목멱이 한양의 앞을 가로막아 답답하다고 생각해. 이 산이 없고 탁 트여 있다면 얼마나 시원스러울까."

순신다운 생각이었다.

성룡은 이런 순신의 성격을 좋아했다. 맺고 끊는 것이 분명한 시원스런 성격이 마음에 들었다. 만일 그렇지가 않았다면 애당초 사귀려고 하지 않았을지도 모른다.

이윽고 성룡은 순신의 손을 잡아 주면서 말했다.

"그럼, 네가 좋아하는 봉화둑 가까이 올라가 보자."

봉화둑은 연기나 불로써 먼 국경 지대의 이변을 빨리 알리는 지금의 '통신 경보 시설'에 해당하는 것으로 세종 때 마련된 것이라 역사가 오래된 셈이다.

그러나 그들은 봉화둑 가까이는 가지 못했다. 거기는 일반 사람, 더구나 아이들이 출입할 수 없는 곳이었다.

순신은 아쉬운 느낌이 들었지만, 성룡은 봉화둑에 대해 별 관심이 없는 모양이었다. 그는 멀리 눈길을 보내면서 혼자 감탄했다.

"나는 여기 올라오면, 목멱이 더욱 좋아지디라. 보기에 아름답고 오르기에 편하고 또 온 성 안을 한 눈에 굽어볼 수 있어서 좋아. 너도 그렇게 생각되지 않니?"

"글쎄, 난 모르겠어."

순신은 느낀 대로 솔직히 말했다. 그러나 거기 앉아 성 안을 굽어보니 문득 어떤 생각이 떠올랐다.

"형, 전쟁에 이기자면 역시 높은 곳에 있는 것이 유리하겠어."

"그건 왜?"

"한눈에 적의 움직임을 볼 수 있으니 싸움에서 이길 수가 있잖아!"

"그렇겠구나."

성룡은 맞장구를 쳤지만, 마음속으로 시를 떠올리는 데 열중했다. 순신은 순신대로 생각에 빠져 있었다.

애당초 목멱은 꽃으로 유명했기 때문에 그것을 시로 읊은 명사들이 많았다. 소년 시인 성룡도 그런 생각을 하며, 곁에 있는 순신을 잠깐 잊었다.

목멱은 봄·여름에 만발하는 꽃도 좋았지만 울창한 솔밭이 있었고, 바위 밑 맑은 샘도 있어 아침 저녁 거닐기에 좋았다. 아쉬움이 있다면 이 당시 목멱산 곳곳에 대신들의 별장이 많았다는 점이다. 북악산과 인왕산에 궁전과 절이 많은 것과는 대조적이었다.

문득 성룡이 큰 기와집 하나를 가르키며 말했다.

"저기 남쪽에 큰 기와집이 보이지?"

순신은 성룡의 손 끝을 좇아 그 기와집을 보았다. 남쪽엔 청학동이 있었다.

"저 집은 전에 좌의정을 지냈던 용재 어른의 집이야. 여기서 보면 고래등 같은 기와집인데 가까이 가 보면 많이 낡아서 쓸쓸한 느낌마저 들지. 그런데 나는 저 집이 좋아. 왜 그런지 가르쳐 줄까?"

순신은 아무 대답도 하지 않았다. 성룡이 혼자서 떠들어 댔다.

"너는 아직 모르겠지만, 용재라는 분은 훌륭한 시인이었어. 아마 옛날부터 지금까지 나타난 시인 가운데 손가락 안에 드는 시인일 거야. 나도 그 어른의 문집을 요즘 열심히 읽고 있는데 정말 뛰어난 솜씨란다."

성룡은 마치 꿈이라도 꾸고 있는 것처럼 말했다. 그런데 순신은 아무 대꾸도 않고 땅만 쳐다보고 있었다. 명랑하고 활발한 여느 때의 순신과 다른 이상한 태도였다.

"왜 그러니?"

성룡은 그제서야 이상하다는 듯이 물었다.

"아무 것도 아냐. 형, 이제 내려가."

성룡은 순신의 눈을 빤히 쳐다보고 있다가, 비로소 알겠다는 듯이 소리쳤다.

"참, 그러고 보니 저 집은 너의 친척 댁이었지. 내가 그것을 깜빡 잊고 있었어."

용재 이행(1478~1534)은 순신의 집안 아저씨뻘이다. 이분은 어려서부터 무척 총명했고 학문을 좋아했다. 그는 18살 때인 연산군 원년 문과에 급제하여 벼슬이 대제학, 우의정을 거쳐 좌의정에까지 올랐었다. 용재는 순신이 태어나기 전에 죽었는데, '부대 부인'은 살아 있었다.

부대 부인이란 대군(왕비가 낳은 왕자), 부원군(왕비의 아버지 및 정1품 이상의 공신), 위(왕의 사위), 그리고 정1품인 영의정과 좌(우)의정 부인에게 내리는 직위로서 판서급이라면 '정경 부인'이 된다. 말하자면 귀부인인 것이다.

순신의 친척 중에는 청학동에 사는 부대 부인말고도 또 한 분의 귀부인이 있었다. 바로 이행의 형님인 경재 이기(1476~1550)의 부인이다. 경재는 영의정까지 벼슬이 올랐을 뿐 아니라 풍성 부원군이라는 봉작까지 받았다.

그런데 금년 정월의 일이었다.

정월에는 친척집 어른을 찾아뵙고 세배를 하는 것이 관습으로 당시에는 가까운 친척뿐 아니라 먼 친척이라도 세배를 다녔다. 상대편이 조정에서 높은 벼슬을 지냈다면 더욱 그랬다.

아버지 이정이 말했다.

"순신아, 너도 이제는 일곱 살이 되었으니 집안 어른들께 세배를 다니도록 해라."

순신은 기뻤다. 형님 희신도 요신두 세배 갈 준비를 하고 있었다. 순신도 어머니가 새로 지어 준 바지 저고리와 두루마기를 입었다. 그 동안은 순신이 너무 어려 세배를 다니지 못했는데, 올해는 아버지와 형님들을 따라 같이 친척집에 세배를 가게 된 것이다.

희신 형님이 아버지께 물었다.

"올해도 부원군 댁에 세배를 가야 합니까?"

"그게 무슨 말이냐?"

"세상에선 부원군 댁이나 청학동 댁에 대해 좋지 않게 말하고 있습니다. 그러니 그 곳은 가지 않는 게 어떨지……."

형의 말이 채 끝나기도 전에 아버지는 버럭 성을 내었다.

"아니, 세상 사람 말이 있다 해서 한 할아버지 자손인 우리가 서로 세배도 다니지 않겠다는 거냐?"

"아니, 그게 아닙니다만……."

"그럼, 무엇이냐?"

아버지의 목소리는 더욱 높아졌다.

희신은 아버지의 노여움에 얼굴이 하얘졌다. 그도 아버지가 이처럼 화를 내실 줄은 미처 몰랐던 것이다. 그러나 어른이 화를 내고 있으니 더 이상 말대꾸도 못 하고 고개를 숙였다.

이윽고 아버지는 거칠어진 숨결을 가다듬고 조용히 말했다.

"나도 그분에 대해선 못마땅하게 여기는 점이 있다. 그래서 살아 계실 때에는 1년에 한 번 세배를 갔을 정도로, 되도록이면 찾아 뵙지 않았다. 혹시 권세 있는 친척에게 무슨 도움이라도 청하는 걸로 오해받을까 싶어 그랬었지. 그러나 지금은 다르다. 더욱이 어디까지나 그 댁은 집안의 어른이 아니냐. 세배라는 것은 비록 남이라도 어른에게는 올려야 하는 것이다. 그게 바로 사람된 도리이고 예의가 아니겠느냐?"

"아버님, 제가 잘못했습니다."

희신이 용서를 빌었기 때문에 그 일은 무사히 넘어가고 순신도 세배를 갈 수 있었다.

사화

생각에 빠진 순신에게 성룡이 물었다.
"너 혹시 이이를 아니?"
"이이?"
"너희 집안이야. 나는 요새 퇴계 선생님께 글을 배우고 있는데, 덕수 이씨 가문에 이이라는 글 잘하는 사람이 있다고 선생님이 많이 칭찬하셨어. 그래서 한 번 만나고 싶어."
율곡 이이는 이 때 16살이었다. 성룡보다 6살이 많고, 순신보다는 9살이 많은 셈이었다.
"몰라."
순신은 머릿속으로 이이가 누구일까 생각했다. 혹시 만났을지도 모르기 때문이다.
부원군 댁과 청학동 정승 댁에 갔을 때 순신은 부대 부인께 세배를 올렸다. 형들과 함께 세배를 올렸으므로 부대 부인을 자세히 관찰할 기회는 없었다.
과연 집이 으리으리하게 크고 종들도 많았다. 그리고 세배하러 온 사람들도 많았기 때문에 오래 앉아 있을 시간도 없었던 것이다.
그 때, 순신은 무슨 영문인지 몰라 어리둥절했다. 그런데 지금 또

성룡에게서 용재 아저씨 이야기를 듣고 있으니 뭐라고 대답해야 좋을지 몰라 입을 다물고 있었던 것이다.

그러나 청학동에 갔을 때에는 좀더 인상에 남았다.

"오, 네가 순신이로구나. 생각보다 숙성해 보이는구나. 떡국도 먹고 놀다 가거라."

부대 부인이 말했던 것이다.

청학동은 부원군 댁보다 집도 작았고 세배 온 사람도 적었지만, 순신이 못 보던 아이들이 많았다. 그 때 아이들이 여럿 있었는데 이이와 만난 것 같지는 않았다.

그 날 저녁 순신은 아버지에게 당장 물어 볼 작정이었다.

그러나 그럴 기회가 없었다. 아버지께서 외삼촌과 무슨 의논을 하고 계셨던 것이다. 그래서 며칠이 지나는 사이 물어 볼 생각마저 잊어버리게 되었다.

그 생각이 다시 난 것은 이듬해 정월, 청학동에 세배를 하러 갔을 때였다. 그 때도 부대 부인은 순신에게 다정하게 말을 걸었다.

"작년보다도 몰라보게 컸구나. 이대로 자란다면 돌아가신 대감님처럼 되겠구나."

순신은 그것이 무슨 뜻인지 잘 몰랐다. 그래서 아버지께 물었던 것이다.

"청학동 아주머니께서 제가 돌아가신 대감님과 비슷하게 될 거라고 말씀하셨는데 그게 무슨 뜻이지요?"

"아마, 네가 무 자라듯이 잘 크니까 그렇게 말씀하신 모양이다."

그러나 순신은 고개를 갸웃했다. 그리고 아무래도 용재 어른에 대해 알아야겠다고 생각했다.

"청학동 용재 어른은 어떤 분이셨어요?"

"글쎄, 한마디로 대답하기가 힘들구나. 무엇을 알고 싶니?"

"제가 잘 아는 어떤 형이 용재 아저씨가 글을 썩 잘 하시는 분이었다고 말했어요. 문집을 남기셨는데 그것을 읽으며 감탄했다고 했어요!"

"호오, 대단한 아이로구나. 대체 그 아이의 이름이 무엇이며 어디 사느냐?"

"먹제골에 사는 성룡이라고 해요."

"그럼 풍산 유씨 가문이구나."

아버지는 이름만 듣고서도 그 성까지 알아맞혔다. 사대부 가문에는 항렬에 따라 돌림자가 정해져 있기 때문에 그것을 알 수 있는 것이다. 아버지는 연신 고개를 끄덕여 가며 다시 말했다.

"사람이란 친구가 좋아야 한다. 앞으로 잘 사귀도록 하여라."

"예."

"그리고 용재 어른 이야기인데, 나도 그분의 젊었을 때 일은 잘 모르지만 대단한 분이셨지. 우리 가문에서 자랑할 만한 분이야. 문집인 ≪용재집≫ 7권을 남기셨는데 너도 이 다음에 읽어 보도록 해라."

용재는 문과에 급제하자 승문원 '부정자'에서 단번에 '검열'에까지 뛰어올랐다. 검열은 '예문관'에 딸린 벼슬로서, 왕명을 문서로 작성하는 직책이었다.

연산군 2년(1506) 폐비 윤씨의 '추숭' 문제가 발생했다. 추숭이란 폐비의 누명을 벗겨 주고 왕비로써 다시 명예 회복을 시켜 주는 것을 말한다.

"용재는 왕께서 폐비 윤씨를 추숭하려 하자 이를 한사코 반대하셨지. 임금이 어머니의 억울함을 씻어 주려 함은 옳은 일이다. 자식된 도리로서 자연스런 생각이니까. 그러나 폐비 윤씨는 죄를 지었기 때문에 쫓겨난 분이었단다. 그런 죄인을 임금이라 해서 법을 무시하면서까지 추숭할 수는 없는 일이잖겠니! 그렇기 때문에 용재 어른은 목숨을 걸고서 추숭을 반대하셨던 거란다. 그 때문에 충주로 귀양을 갔다가 다시 함안으로 옮겨지는 고생을 하신 거지."

이어 연산군 4년에 '무오사화'가 일어났다. 사화란 선비가 간신의 모함으로 비참한 화를 당하는 것을 말한다.

무오사화는 유자광이 김종직과 그의 제자들을 모함하여 일어났다. 그 사건은 김종직이 사관(역사를 기록하는 벼슬아치)으로 있었을 때 세조를 비판하는 글을 쓴 것이 계기가 되었는데, 당시 '수양대군'이었던 세조는 어린 조카 단종을 몰아내고 왕위를 차지했다.

이미 오래 전 일이었으나, 유자광이 그것을 꼬투리 삼아 연산군에게 참소했던 것이다.

"그 때 너의 증조부께서는 왕의 그릇된 정치를 탄핵했단다. 그런데 연산군은 신하들이 자꾸 상소문을 올리자 벼슬아치들을 귀찮게 여겨 그런 끔찍한 사화를 일으켰단다."

그 후 용재는 기묘사화가 있은 뒤에야 귀양에서 풀려나 다시 조정으로 돌아왔다.

"앞서 용재 어른은 열여덟 살인 연산군 원년에 문과 급제하셨고, 그 형님이신 경재 어른은 연산군 7년에야 문과에 급제하셨단다."

"그렇다면 동생이 형님보다 먼저 과거에 급제하신 셈이네요."

"그렇지. 이 두 형제분은 호걸에다 재능이 뛰어났다는구나. 시조 할아버지 때부터 무인의 피를 이어받아서인지 아주 늠름한 분들이었지. 특히 용새 어른은 10자의 키에 검은 수염이 얼굴을 가리다시피 하여 사람들이 모두 두려워했단다."

잠시 말을 그친 아버지는 순신의 모습을 자랑스러운 듯이 쳐다보았다. 8살 소년이라고는 도저히 믿어지지 않을 만큼 우람한 체격의 순신이었다. 특히 그의 팔은 예사 사람보다 길었다.

"그런데 연산군 10년(1504)에는 여러 가지 피비린내나는 사건과 사화가 일어났단다."

연산군은 그 때까지 자신의 어머니인 폐비 윤씨가 어떻게 죽었는지 모르고 있었다. 그러다가 외할머니에게 폐비 윤씨는 조정 대신들의 동의에 의해 사약을 받고 죽었다는 것을 알게 된 것이다.

연산군은 매우 분노하며 어머니의 원수를 갚겠다고 나섰다. 그는 자신의 아버지인 성종의 후궁이었던 엄씨와 정씨를 자기 손으로 죽였을 뿐 아니라, 당시 윤씨를 폐비시키는 일과 사약을 내려 죽게 한 일에 찬성했던 사람들을 모조리 죽였다.

그렇게 하고도 분이 풀리지 않았는지 연산군은 벌써 오래 전에 죽은 대신들, 즉 한명회와 정창손의 무덤을 파헤쳐 시체의 목을 잘랐다. 이런 형벌은 사람을 두 번 죽이는 것이라 하여 '부관 참시'라고 한다.

여기에 그치지 않고 연산군은 자신의 밑에서 영의정을 지냈던 윤필상, 이극균, 성준 같은 사람도 가차없이 사형에 처했다.

그리고 갑자사화가 일어났다. 이 갑자사화는 무오사화의 '잔당'을 없애기 위해 발생한 사건으로 이 때에 홍귀달, 김굉필, 정여창, 조위 같은 이름 있는 학자와 선비들이 많이 희생되었다.

이런 사건은 연산군 스스로의 목숨을 재촉하는 결과를 가져왔다.

"그 결과로 중종 반정이 일어나게 되었던 거란다. 당시 용재 어른은 그 반정에 참가하지는 않았지만 워낙 덕망이 있던 터라 대사간에 임명되었지. 그러나 강직하신 분이라 반정 공신들과 자주 의견 충돌을 일으켰단다."

중종 10년(1515), 박상 등이 임금께 상소문을 올려 폐비 신씨의 복위를 주장했다. 폐비 신씨는 신수근의 딸로서 중종이 아직 진성대군일 때 그 아내가 되어 자식까지 두었다. 그런데 중종 반정이 일어나자 반공 공신들이 신씨를 폐하라고 강요했던 것이다. 왜냐 하면 신수근의 누이가 연산군의 비였기 때문에, 역적의 딸을 왕비로 둘 수 없다는 것이 대신들의 주장이었다.

중종은 마음씨가 착한 신씨를 차마 내쫓기 싫었으나 대신들 성화에 못 이겨 신씨를 대궐에서 내보냈던 것이다. 그러나 나라에서는 왕비 자리를 비워 둘 수가 없어 윤여필의 딸을 새 왕비로 삼았는데 이분이 '장경 왕후' 윤씨다. 그런데 장경 왕후는 중종 10년에 왕자를 낳은 지 7일 만에 세상을 떠났다.

조정에서는 다시 왕비를 맞아야 했다. 이 때에 박상이 폐비 신씨를 다시 왕비로 책봉하자고 주장했다. 사실 폐비 신씨는 무슨 죄가 있어 쫓겨난 것이 아니었기 때문에 사람들의 동정을 받고 있었던 것이다.

"이 때 용재 어른께서는 단호히 반대하셨다는구나. 상소를 올려 만일 신씨가 다시 돌아와 왕자를 낳으시면 지금의 '원자'(왕비가 낳은 첫아들로 아직 세자로 책봉되지 않은 왕자)와의 관계는 어떻게 되며 누가 왕위를 잇게 된단 말인가, 혼인의 예식을 올린 순서로 말하면, 마땅히 신씨가 먼저지만 원자는 이미 태어나 있으니 이 문제를 앞으로 어떻게 해결할 것인가, 하고 말이다."

이런 용재의 주장에 대사헌 권민수 등이 찬성했다. 중종도 이들의 말을 옳게 여겨 박상을 귀양 보내고 신씨의 복위는 다시 논하지 못하게 했다.

그러자 '정언'이란 벼슬에 있던 조광조가 용재의 주장을 공격하기 시작한 것이다.

"조광조 선생은 이렇게 말했지. '대간'(사헌부와 사간원을 일컫는 말)은 언론을 맡은 곳인데, 상소하는 사람을 그르다고 하면 임금께 자유로운 의견을 아뢰는 '언로'를 막는 것이니, 대간에게 죄를 주도록 하십시오'라고."

순신은 열심히 귀를 기울이고 있었다. 정암 조광조에 대해선 그도 알고 있었다. 그의 할아버지인 백록이 '기묘사화' 때 화를 입어 함께 귀양을 가는 등 숱한 고생을 하셨다는 말을 늘 들었기 때문이다.

"조광조 선생의 상소를 받자 임금님도 몹시 난처해 했단다. 왜냐하면 중종 임금님께선 조광조 선생을 매우 신임하였고 조광조 선생의 '도학 정치'를 펴려는 생각이 있었기 때문이었지. 이 때 김안로란 사람이 묘안을 내놓았단다. 김안로는 언론을 위해 하는 말이니 조광조의 말도 옳고, 이행·권민수의 말도 나라를 위한 것이니 옳다고 말이다."

잠시 말을 마친 이정은 무거운 한숨을 쉬었다.

"순신아! 지금부터 하는 말이 중요하니 잘 새겨 듣도록 해라."

"네."

"용재 어른께서는 이 때부터 김안로와 가까워지게 되었단다. 그런데 김안로는 간사한 인물이었다."

새 왕비의 결정이 늦어져 중종 12년(1517)에 윤지임의 딸이 새 왕비가 되었는데, 이분이 문정 왕후 윤씨이다. 그런데 문정 왕후 윤씨는 장경 왕후가 낳은 원자를 몹시 구박했다. 그래서 원자는 한 나라의 왕자이면서도 밥을 굶는 등 갖은 고생을 했다고 한다.

하지만 착한 성격의 원자는 문정 왕후를 깍듯이 '어마 마마' 라 따르며, 효성을 다했다.

중종 1년(1506) 홍경주·남곤이 조광조를 모함함으로써 '기묘사화' 가 일어났다. 이 사화로 조광조를 비롯하여 200여 명의 선비가 죽임을 당하거나 귀양을 갔다. 이 일에 연루되어 순신의 할아버지는 벼슬에서 물러나게 되었고 순신의 아버지도 벼슬길을 단념했던 것이다.

"이 무렵 경재 어른은 벼슬이 차츰 더 올라 조정에 계셨는데 주위의 반대가 많았지. 왜냐 하면 경재 어른의 장인되시는 분이 군수로 있을 때 부정을 저지른 일이 있었기 때문이란다. 그래서 일부 대신들이 부정 군수의 사위를 조정에 머무르게 할 수는 없다고 반대했던 거란다.

"……"

"그런데 이 때 대사헌 이언적이 경재 어른을 두둔하고 나섰다는 구나. 경재는 재주가 있어 앞으로 재상이 될 그릇이라고 말이다. 그러나 후에 경재 어른이 정순붕 같은 사람과 어울리자 크게 실망하면서, 내가 경재를 추천한 것은 잘못이었어라고, 이언적은 후회를 했단다."

"정순붕은 어떤 사람인데요?"

"한마디로 말해서 간신이지. 그건 그렇고 순신아!"

"예."

"사람이란 친구를 잘 만나야 하는 거다. 경재 어른도 정순붕 같은 사람을 만나 나쁜 길을 걷게 된 거란다. 또 용재 어른도 김안로 같은 나쁜 사람을 잘못 사귀었기 때문에 불행하게 이 세상을 마치셨다."

"어떤 일이 있었는데요?"

"용재 어른도 김안로 같은 사람을 알게 된 것을 곧 후회하셨지. '소인'(도량이 좁고 간사한 사람)은 아무리 겉으로 번지르르하게 말을 해도 금방 본바탕이 드러나기 마련이니까. 그래서 용재 어른도 김안로에게 금세 실망하고 당시의 영의정인 정광필(1462~1538)을 찾아가 김안로를 중하게 쓰면 안 된다고 말했단다. 이래서 중종 19년(1524)에 김안로는 파직이 되었다. 하지만 자기의 행동이 나빠 파직이 되었음에도 불구하고 김안로는 오히려 용재 어른을 원망했던 거란다."

본디 김안로는 아들이 효혜 공주에게 장가간 덕에 가까운 풍덕(개성 근교)으로 귀양을 갔다.

"김안로가 쫓겨난 뒤 이제는 나라가 조용할까 싶었는데 대궐에서 아주 괴상한 사건이 발생했단다. 당시 장경 왕후께서 낳은 열세

살의 원자는 이미 세자로 책봉되어 있었다. 하지만 여전히 문정왕후의 미움을 받고 있었고, 또 원자의 적은 왕후뿐이 아니었단다. 경빈 박씨라고 임금의 총애를 받는 여인이 있었는데, 경빈에겐 복성군이라는 왕자가 있었지. 경빈은 그 복성군을 세자로 앉히고 싶은 욕심이 생겼던 거야. 그래서 미신을 믿는 여자의 생각으로 엉뚱한 짓을 저질렀지 뭐냐!"

쥐의 네 다리와 꼬리가 잘리고 두 눈은 멀도록 지져 놓아, 아주 비참한 모습으로 죽은 쥐가 원자의 방에서 발견된 것이다.

이것이 발견되자 대궐은 발칵 뒤집혔다. 일종의 저주로서, 세자를 죽게 하려는 방법이었다. 이 사건이 '작서의 변'인데, 이 때문에 경빈 박씨와 복성군은 대궐에서 쫓겨났다.

"이 때 좌의정으로 계시던 용재 어른은 작서의 변이 일어나자, 동궁을 지켜 드리기 위해서는 아무래도 김안로를 다시 불러들일 수밖에 없다고 생각하게 되셨단다."

"어째서 간신을 다시 불러들여야 하나요?"

"그건 권력이 센 김안로로 하여금 대궐의 어지러움을 바로잡으려 했던 거란다."

김안로는 그래도 대궐 안에서 다소나마 세력을 부릴 수 있는 효혜 공주의 남편인 김희의 아버지이니 만큼 나이 어린 원자를 지키려면 그가 필요하다고 생각한 것이다. 왜냐 하면 효혜 공주는 동궁의 하나밖에 없는 친누님이었던 것이다.

이리하여 김안로는 이행이 힘을 써서 귀양에서 풀려나고 중종 24년(1529) 조정으로 돌아왔다.

"처음에는 김안로가 용재 어른을 몹시 고마워했지. 그러나 차츰 세력을 잡게 됨에 따라 그런 고마움을 잊어버린 거야. 알겠니? 은혜를 모르는 건 소인이란다. 이용할 때에는 실컷 써먹고 방해가 되면 그 사람을 넘어뜨리려 하는 게 소인의 못된 마음이란다."

김안로는 중종 26년(1531) 예조 판서를 시작으로 잇달아 대제학, 이조 판서가 되었다. 그리고 부하들을 시켜 이행을 공격하기 시작했다. 은혜를 원수로 갚은 셈이다.

"용재 어른은 임진년(1532)에 평안도 함종이란 곳으로 귀양을 가셨단다. 그리고 3년 만에 57살의 나이로 '배소'(귀양 가서 갇혀 있는 곳)에서 쓸쓸히 세상을 떠나셨지. 권력이란 이렇게 허무한 것이란다. 좌의정까지 지내신 분이 귀양 간 곳에서 마지막 생을 마감하다니 얼마나 애통한 일이냐. 그래서 나는 벼슬길을 단념하기로 했단다."

방 안은 조용하기만 했다. 어느덧 방 안까지 어둠이 밀려 들어와 등잔불을 켜야 했다.

그 어둠이 지금의 아버지 마음 같다고 순신은 생각했다.

"잘 들었습니다."

이윽고 순신은 자리에서 일어났다. 그러자 아버지가 말했다.

"며칠 후에 우리 모두 너의 외갓집이 있는 충청도로 이사가기로 했단다. 그러니 너도 네 친구하고 작별 인사라도 해 두려무나."

며칠 뒤, 순신은 성룡과 함께 목멱산 높은 곳에 올라 있었다. 그들은 서로 말이 없었다. 성룡이 순신의 이야기에 조용히 귀기울여 가며 듣고 난 뒤였다.
"그럼 너하고는 이제 못 만나겠지."
하고 말하는 성룡은 왜 그런지 오늘따라 몹시 침울해 보였다.
자기가 공연한 말을 했다고 생각한 순신은 그래서 애써 명랑하게 말했다.
"이사 가더라도 형의 집은 여기 있을 거 아냐? 이 다음에 와서 만나면 되잖아."
성룡은 고개를 섯는다.
"왜?"
"어쩌면 우리도 곧 시골로 갈 것 같아."
"형네 집도?"
순신의 눈이 둥그래졌다.
순신은 이해가 잘 되지 않았다. 자기네는 아버지가 벼슬을 하지 않기 때문에 몹시 가난하여 농사라도 짓고 살기 위해 시골로 가는 것이지만 성룡은 아버지가 현감인데 무엇이 아쉬워 시골로 간단 말인가.
"왜? 말해 줘. 나도 다 말했잖아!"

"아버지가 벼슬을 그만두셨어."

성룡은 멀리 대궐 쪽을 쳐다보았다. 순신이 눈빛이 어두운 성룡을 보며 외쳤다.

"알았어, 간신 때문이지?"

성룡은 고개를 끄덕였다.

"모두 간신들 탓이야!"

별안간 순신이 외쳤다.

"그러나 나는 희망을 잃지 않아. 그런 나쁜 사람들은 많지 않을 거야. 간신들이 발 붙이지 못하도록 나라와 임금을 위해 충성을 바치는 것이 신하된 도리야."

"응."

순신은 성룡의 말에 고개를 끄덕였다.

"언젠가 넌 무인이 되고 싶다 했지? 나는 문신이 될 거야. 그러니까 너도 뜻을 굽히지 말고 어디에 가서 살든지 내 말을 명심해 줘."

"응, 알았어."

그제서야 침울했던 성룡도 환하게 웃었다. 순신도 미소지었다. 이제는 시골로 간다는 것이 슬프지 않았다.

"형, 뜻이라고 했지? 난 그 뜻을 반드시 세우고 말 거야."

제2부
젊음의 무지개

활과 선비

이순신이 어느덧 12살이 되었다.

아산으로 이사 온 지도 벌써 몇 년이 지났다. 그는 여전히 여러 아이들과 어울려 전쟁 놀이를 즐겼고, 그 때마다 대장이 되어 지휘했다. 아이들도 그런 이순신을 잘 따랐다.

"전쟁하는 데도 진법이 있어."

이순신이 그렇게 말하면 아이들은 되물었다.

"진법이 뭐냐?"

"전쟁에서 진을 치는 법이야."

"어떻게?"

"이를테면 '학익진'과 '어린진'이 있는데, 전쟁할 때에는 벌판 같은 넓은 곳에서 적과 아군이 길게 한 줄로 늘어서서 싸웠다고 하면······."

이순신은 〈통감〉에서 배운 진법을 아이들에게 설명했다. 통감이란 주자의 제자 조사연이 지은 〈통감강목〉과 송나라 원추가 지은 〈통감기사본말〉이란 두 가지를 가리킨다. 둘 다 중국의 역사를 기록한 책으로 이순신은 그런 것을 즐겨 읽었던 것이다.

"학익진은 학의 날개라는 뜻인데, 길게 한 줄로 늘어선 대열 양

끝이 날개가 되어 적을 포위하는 진이야."

이순신이 진지한 얼굴로 설명하자

"야, 재미있다! 그렇다면 어린진은?"

하고 아이들이 당겨 앉으며 물었다.

"어린진은 고기 비늘처럼 번쩍거린다 하여 생긴 이름이야."

"……."

"어린진은 사람 인(人)자처럼 진형을 만드는 것인데, 뾰족하게 진을 만들어 적의 진을 돌파하는 것이지."

"그런데 어째서 고기 비늘처럼 번쩍거린다는 것이지?"

"군사들의 갑옷에는 저마다 쇠붙이가 달려 있는데 그것이 번쩍거리기 때문에 그런 거야."

"음, 그렇구나."

아이들은 제법 진지하게 병법에 관한 얘기를 주고받았다.

"전쟁에서는 먼저 겁을 먹는 쪽이 지게 마련이지. 학익진보다 어린진으로 적에게 겁을 주고 허리 토막을 끊듯 중앙을 돌파하면, 적이 도망치게 되어 있어."

"그럼, 우리도 그렇게 해 보자!"

그런데 수천, 수만의 군사들이 부딪치는 싸움이라면 몰라도 기껏해야 10여 명에 지나지 않는 아이들이 하는 전쟁 놀이에 그런 병법을 사용하기는 불가능했다.

이순신은 빙그레 웃었다.

"너무 실망할 것 없어. 옛날엔 김유신 장군이나 강감찬 장군도 그런 전법을 썼는데 지금은 잘 쓰지 않아."
"그럼 어떤 진법을 쓰니?"
"중국에선 아주 오랜 옛날에 전거라는 것을 발명했는데, 말이 수레를 끄는 것으로 빠르게 달리면서 창을 던지게 되어 있대. 이 전거로 적진을 돌파할 수도 있으니 학익진이나 어린진이 별로 소용이 없게 되었지."
"하긴 그 말도 맞겠네!"
"그런데 우리 나라에선 들이 있다 해도 논이 많아 전거를 쓸 수가 없어 말탄 군사들이 한 덩어리가 되어 적진을 돌파하는 진법을 쓰곤 하지. 이 방법은 고려 때 몽고군이 쳐들어와 많이 사용했다고 하더군. 그 때 우리는 다른 방법으로 그들을 막아냈대."
"그게 어떤 방법인데?"
아이들은 이순신의 말에 흥미가 나는지 바싹 다가앉으며 귀를 기울였다.
"응 산꼭대기에 성을 쌓고 산성을 이용해 적이 기어오르면 큰 나무와 바위를 굴려 적을 무찌르는 것이지. 한편 들판에선 적의 기마대 공격을 막기 위해 목책을 세우고 말뚝을 군데군데 박아 밧줄을 매 놓든가 가시나무를 베어 걸쳐 놓는 방법도 있어."
당시 우리 나라에선 이런 방법을 쓰고 있었다.
아이들은 편을 갈라 전쟁 놀이를 했다. 각각 냇가에 진지를 마련

하고, 대나무로 깃발을 만들어 꽂았다. 그리고 그 깃발을 먼저 빼앗은 쪽이 이기는 놀이를 즐겼다.

그러다가 힘이 부치면 냇가에 앉아 이순신이 들려주는 전쟁에 대한 얘기에 귀를 기울였다.

"전쟁에서는 군법도 중요해."

이순신이 이렇게 말하자 곁에 있던 친구가 물었다.

"군법이 뭔데?"

"응, 군법이란 전쟁을 하는 방법을 가르치기도 하고 군사들이 지켜야 할 규칙을 말하기도 하지. 그래서 규율을 어기거나 잘못하게 되면 엄한 벌로 다스리는 거야."

이순신은 모래밭에 줄을 그으며 말을 이었다.

"우리가 하는 놀이에도 군법을 정하자. 예를 들어 상대편의 기를 빼앗을 때 줄 밖으로 나가면 군법으로 다스리겠어. 또 뒤에서 비겁하게 달려들어 넘어뜨리거나 싸우지 않고 자꾸 도망쳐도 마찬가지야."

"그래, 그렇게 하자!"

아이들은 자신들이 진짜 군사라도 되는 양 신바람이 나서 재미있게 놀았다. 그리고 만약 군법을 어기는 아이가 있으면 이순신 앞에 끌고 와서 말했다.

"대장님, 이 아이가 군법을 어겼습니다."

"어떤 죄를 저질렀느냐!"

"예, 대장님, 이 아이는 싸우지 않고 선 밖으로 도망쳤습니다."
"그래! 군법은 엄한 것이므로 삼군에게 본보기를 보이기 위해서라도 그 녀석의 목을 베도록 해라."

그러자 그 아이는 정말 목이 잘리는 듯 엉엉 소리내어 울었다.

이순신은 12살이 되자, 또래 아이들과 어울려 노는 전쟁 놀이에 흥미를 잃었다. 이순신은 워낙 몸집도 컸지만 힘도 세었기 때문에 감히 겨룰 만한 상대가 없었던 것이다.

그래서 이순신은 씨름을 배워 자기 또래 아이는 물론이고 어른과도 겨루곤 했다. 당시에는 단오절의 행사로써 씨름 대회가 열렸는데, 적게는 마을로 크게는 군 단위로 펼쳐졌다.

그리고 이순신은 활에도 관심이 많았는데 아산현 관아 근처의 활터에 나가 젊은이들과 어울려 활쏘기를 했다.

그래도 이 무렵은 우리의 국방 사상이 조금은 높았을 때이다. 한동안 뜸했던 왜구가 다시 조선 연해에 나타나 노략질을 시작했기 때문이다. 이에 대한 대책으로 조정에서는 '비변사'를 설치하고 국방 문제를 의논했다(1554). 그리고 ≪무정보감≫이라는 무예에 관한 책을 편집하기도 했다.

그런데 명종 10년 해남 반도 달량포와 영암에 왜구가 침입했는데 이윤경(1498~1562)이 이들을 무찔렀다.

이윤경은 본관이 경기도 광주로 동고 이준경의 형님이다. 이윤경의 호는 '숭덕재'라 했는데 어려서 아버지가 먼 곳으로 귀양을 갔기 때문에 고생이 많았었다. 그리하여 37살 때 겨우 과거에 급제하여 전라관찰사가 되었고 영암의 왜구를 무찔렀던 것이다.

아무튼 왜구의 재침입으로 인해 새로이 경기 수군절도사 영문이 생겼고, 무인들을 뽑는 등 무예에 대한 관심이 갑자기 높아졌던 것이다.

활터에 다녀온 뒤로 활과 화살을 지고 다니는 일이 많아진 이순신은 15살의 나이에 벌써 남보다 센 강궁을 썼다.

둘째 형님 요신이 이런 이순신에게 말했다.

"너는 너무 무예에만 치우쳐 있는 것 같다."

"치우쳐 있다니요?"

"성현 말씀보다 무예를 더 중하게 여기는 것 같다는 말이다. 그리고 더욱 걱정스러운 것은 자만심이 엿보이고 있어. 무예라는 것은 학문과는 달리 배우면 배울수록 겸손해지기보다 교만해지기 쉬워 탈이야."

평소 얌전한 둘째 형님이 의외의 따끔한 말을 했다.

이순신은 형님의 말에 일리가 있다고 생각했다. 그래서 혹시 자기 행동에 잘못된 점이 없나 생각해 보았다.

요신은 이순신의 안색을 살피며 다시 이런 말을 했다.

"넌 활 명인과 기름 장수 이야기를 알고 있니?"

"몰라요."

"무예 솜씨가 뛰어나다고 자만하는 젊은이를 경계하는 이야기이니 들어 보아라."

옛날 진요자라는 활의 명수가 있었다. 자기 자신은 늘 그것을 자랑하고 있었다.

언젠가 자기 집 뒤뜰에서 활을 쏘고 있는데 기름 장수 노인이 지나가다가 잠시 걸음을 멈추고 짐을 내려놓더니 오랫동안 진요자의 활쏘는 모습을 지켜 보았다. 진요자가 쏜 10개의 화살 가운데 여덟 아홉까지는 멋지게 과녁을 맞혔다. 기름 장수 노인은 그것을 보더니 고개를 갸웃하며 혀를 찼다.

진요자는 활을 다 쏘고 나서 노인 쪽을 보며 말했다.

"영감도 활을 쏠 줄 아시오? 어떻소, 내 솜씨가 이만하면 천하 제일이겠지."

"그런 솜씨는 별것 아니지요. 단지 손에 익숙하다는 것뿐이니까."

이 말에 진요자는 몹시 화를 냈다.

"영감은 나의 궁술을 얕보는 것이오?"

"아뇨, 결코 그런 뜻으로 말씀 드린 것은 아니지요. 다만 손에 익기만 하면 무엇이든지 잘 할 수 있는 당연한 이치를 말했을 뿐이지요. 나도 오랫동안 기름 장수를 하다 보니 절로 그런 이치를 깨달았답니다. 이것을 보십시오."

노인은 그렇게 말하고서 호리병 박을 꺼내어 땅바닥에 세우더니 가운데에 구멍 뚫린 엽전으로 그 병 입구를 덮었다.

무엇을 하려는 것일까? 하고 진요자가 눈을 크게 뜨고 보니까,

노인은 국자에 기름을 듬뿍 떠서 그것을 호리병 박 속으로 향해 붓기 시작했다. 노인의 키 높이에서 마치 실처럼 가는 기름이 엽전 구멍을 통해 호리병 박 속에 들어가는데 기름이 엽전에 조금도 묻지 않았다.

"너는 이 이야기를 어떻게 생각하니?"
이야기를 마친 요신이 물었다.
이순신은 한참 생각하다가 대답했다.
"세상엔 뛰는 놈 위에 나는 놈이 있다는 것이겠지요."
그러나 요신은 고개를 저었다.
"그것도 한 가지 이치는 되겠지. 그러나 그게 전부는 아니야."
"?"
"무예는 하나의 기술이야. 오랫동안 하여 손에 익게 되면 누구라도 할 수 있는 일이지. 그러나 학문은 그렇지가 않아. 학문은 많이 배웠다 해도 전부는 아니거든. 배울수록 더 깊게 느껴지는 게 학문이고, 진리란 쉽게 얻어지는 것이 아니란다."
이순신은 형님의 말에 대꾸할 말이 없었다. 생각하니 과연 그런 것 같았다.
큰 형님 희신이 어느새 곁으로 다가와 말했다.
"순신아, 너무 실망할 것은 없다. 무예를 하나의 기술로 본다는 생각은 나도 동감이지만, 그 무에 문을 더불어 갖춘다면 하나의

도가 이루어지는 것이니 문무를 함께 갖추도록 노력하려무나. 요신은 너에게 그런 말을 하고 싶었던 거겠지."

"그래, 무예 단련도 좋지만 학문도 게을리 해선 안 된다고 너에게 말하고 싶었던 거다."

"알겠습니다."

송도 길

이순신은 열심히 글공부를 했다. 이제는 공자의 가르침이 들어 있는 〈논어〉나 공자 시대의 역사인 〈춘추〉를 배워 알게 되었다.

그런 것을 배움으로서 공자가 어째서 성인인지, 충성과 효도가 어째서 중요한지 깨달았다.

하루는 아버지 이정이 이순신을 불렀다.

"순신아, 너도 이제 18살이 되었구나."

"예."

"그래서 금년에는 네가 송도에 다녀 왔으면 한다. 나는 이제 늙었고 네 형도 할 일이 많을 테니까."

"알았습니다."

송도(개성)에는 이순신의 가문 선산이 있는데, 이순신의 아버지 이정은 어려서 그 곳에서 자랐다.

"아직 이르기는 하지만 일찌감치 떠나거라. 가서 조상님들 산소도 돌보아 드리고 잔디도 새로 입혀 드려라."

"예."

아버지는 이순신에게 중요한 임무를 맡긴 셈이다.

"송도에 가면 친척집이 있어 묵을 수 있어 다행이지만, 노자를 넉넉히 마련할 수가 없어서 염려스럽구나."

그러면서 약간의 엽전을 내놓았다. 그 당시는 지금과 달리 아산에서 송도까지는 먼길이었다.

물론 벼슬아치라면 요소마다 역이 있어 말을 빌려 탈 수도 있고, 하인도 징발할 수 있는 등 여러 가지 도움을 받을 수가 있었다.

또 벼슬아치가 아닌 양반도 하인을 데리고 여행할 수가 있었다. 주인은 말이나 나귀를 타고, 하인이 그 고삐를 잡고서 쌀과 마른반찬 등을 싣고 주막거리에서 직접 밥을 지어 먹고 먼길을 갔다.

그리고 인심 후한 집에 찾아들어 하룻밤 신세를 질 수도 있었다.

그러나 이순신 같은 이름 있는 가문 출신도 아닌 사람이 남의 사랑방 따위를 찾아들기는 힘든 일이었다. 또 이순신도 그럴 생각은 없었다. 괴나리봇짐에 쌀과 된장 따위만 갖고서 송도까지 가야 하는 것이다.

"너무 걱정하지 마십시오."

아버지를 안심시켜 드리고 물러난 이순신은 자기 방에 돌아와 간단한 여행 준비를 했다. 그러자 작은 형님 요신이 말했다.

"아버님께서 너더러 송도에 가라고 하시던?"

"응, 형은 어떻게 알았수?"

"나도 3년 전에 송도를 다녀왔으니까."

이순신도 그것을 알고 있었다. 그 때 큰 형과 작은 형이 함께 송도에 다녀왔던 것이다. 그러나 그 때는 형님 둘이서 다녀왔는데 이번에는 혼자 다녀오라고 하니 이순신은 형에게 물었다.

"그런데 아버님이 나더러 혼자 가라고 하셨어. 왜 그러셨을까?"

"그야 너를 믿고 계신 탓이지."

"나를?"

"그래."

요신이 빙그레 웃었다.

이순신은 그래도 아버지의 마음이 궁금했다. 요신 형의 말내로라면, 아버지께서 형님들은 믿지 않는다는 뜻일까? 그렇지는 않을 것이다.

'아버님께서 나를 믿는다고! 왜지?'

이순신은 말하려다 말고 그만 입을 다물었다.

이번에 자기 혼자 보내는 것은 노자 때문이라고 생각되었기 때문이다. 둘이 가는 것보다 혼자 가는 편이 절약될 게 아닌가.

요신이 말했다.

"아버님께서 너에게 돈을 얼마 주시던?"

'역시 노자 때문이었구나.'

이런 생각을 하며, 이순신은 대답했다.

"엽전 한 꾸러미를 주셨어."

"그거면 넉넉할 거다. 그런데 한양에는 들르지 말아야 한다."

"왜?"

"노자가 모자랄 테니까. 그러니까 아산에서 둔포로 올라가 평성(평택), 안중, 발안, 남양, 반월, 금천(시흥), 금포로 빠져 행주나루를 건너도록 해라. 산길보다 해변을 끼고 가는 것이 길도 평평하고, 안전할 거야."

이순신은 8살까지 살았던 한양에 들를 수 없는 게 아쉬웠지만 첫 여행이니만큼 경험 있는 형님의 말을 따르기로 했다.

"그리고 되도록이면 많은 것을 보도록 해라. 세상을 널리 아는 것도 배움이 아니겠느냐. 아버님께서 너를 믿고 혼자 보내시는 것도 네가 그만큼 이 세상을 널리 보고 배우기를 바라시는 뜻일 게다. 옛날부터 귀여운 자식일수록 많이 고생시키고 먼길을 떠나 보내라고 하지 않았니."

이순신은 그제야 아버님의 깊은 뜻을 알았다. 노자도 노자지만 이순신에게 인생을 배우게 하는 뜻이 더 큰 것 같았다.

"그리고 한 가지, 송도에 가거든 너무 나다니지 말아라. 3년 전 우리가 개성에 갔을 때 큰 소동이 벌어졌단다."

요신 형은 이순신에게 겁을 주듯이 말했다.

이순신이 15살이던 3년 전, 명종 14년(1559)에 임꺽정이란 도

둑이 개성의 포도 군관을 죽여 큰 소동이 벌어졌었다.

당시 조정에선 '소윤파'인 윤원형이 세력을 잡고 있었다. 윤원형의 누이인 문정 왕후가 수렴청정을 그만두었다고는 하나 여전히 대궐에서 큰 세력을 갖고 있었다.

문정 왕후는 특히 보우라는 승려를 신임했다. 보우의 건의로 선과가 설치되고 승려들의 과거인 승과에 합격한 사람에겐 도첩(승려 신분증)이 발급되었다.

명종 8년(1553), 왕이 20살이 되자 문정 왕후는 정권을 아들에게 돌려주었다. 이리하여 명종은 직접 좋은 정치를 펴려고 노력을 하면서 학자들을 우대했으나, 뜻있는 많은 선비들은 벼슬을 사임하고 시골에 숨었다.

이 무렵 퇴계 이황은 고향으로 돌아갔고, 서경덕 역시 벼슬을 버리고 산 속으로 들어갔다. 서경덕은 본디 풍덕(장단군) 사람으로 송도에서 살았으며 황진이와의 이야기로 유명하다.

이 밖에 당시는 율곡 이이를 비롯하여 우계 성혼(1535~1598), 남명 조식(1501~1572), 하서 김인후(1510~1560) 같은 이름난 학자들이 많았다. 이분들 역시 벼슬을 모두 사임하고 있었다.

"그래, 무슨 일이 그 때 벌어졌나요?"

이순신이 물었다.

"임꺽정을 잡으려다가 포도 군관이 오히려 죽고 말았지."

임꺽정은 본디 경기도 양주에 살던 백정(천민으로 소·돼지·개를 잡는 사람)이었다. 그는 기운이 장사여서 따르는 무리가 많았다. 그리하여 그는 황해도 서흥, 우봉, 토산, 신계, 이천 같은 곳에서 노략질을 일삼았다. 황해도는 예로부터 땅이 기름져 부자들이 많고 산악 지대가 있어 도둑들이 활약하기에 알맞았다.

"처음에 나라에선 그들을 대수롭지 않게 여겼는데 점점 세력이 커지자 송도의 포도 군관 이억근이 도둑들을 잡겠다고 나섰단다. 그래서 그들이 청석골에 모여 있다는 보고를 받고 나졸들을 데리고 출동했는데 도둑들이 나졸들을 보자 겁이 났던지 모두 도망치는 거야. 그래서 계속 뒤쫓아갔지. 하지만 그것이 속임수였단다. 도망 가는 척하면서 나졸들을 유인한 후 포도 군관과 나졸들을 사방으로 포위하여 모조리 죽여 버렸지. 이 때부터 그들은 기세가 올랐지. 도둑이 자꾸 늘어났을 뿐 아니라 전국 각지에서 임꺽정 흉내를 내는 놈까지 나타나게 된 거야."

임꺽정은 이끄는 무리들이 많아지자 청석골과 장단, 삼각산 등지에 각각 산채를 두었다.

그리고 길가는 행인들을 습격하여 재물을 빼앗고 평안도나 황해도에서 올라오는 진상품(조정에 올리는 물건)을 털었다.

"도둑들은 점점 대담하여 한양까지 들어와서 버젓이 술을 마시며 떠들기까지 했다고 하더라. 그러나 임꺽정도 이듬해 그의 형 가도치가 잡히면서 세력이 꺾이기 시작했어. 더욱이 지난해 평산에서 양민들을 한낮에 수십 명씩이나 죽이는 등 마지막 발악을 한

셈이지."

"그럼 그들이 아직도 전국 각지에서 행패를 부리고 있겠군요."

"그런 셈이지, 그러니 조심하도록 해라."

요신이 웃으며 말했다.

"세상이 정말 어지럽군요."

그러나 당시 임꺽정은 명종 17년 정월, 황해도 재령에서 이미 죽고 없었다.

이순신은 그 날 밤 좀체로 잠이 오지 않았다. 역시 처음으로 먼길을 떠날 생각을 하니 흥분이 되었다.

이튿날 새벽, 이순신은 마침내 길을 떠났다. 아산에서 송도까지는 400리 길이 넘는다. 빨리 걸으면 3일 정도 걸리는 거리였으나 세상도 알 겸 이름난 경치도 구경할 겸 서둘지 않기로 했다.

첫날은 둔포, 평성, 안중을 거쳐 남양까지 갔다. 본디 아산 이웃 고을인 천안, 직산, 평택, 온양 등은 땅이 기름진 곳으로 오곡은 물론 목화가 많이 나는 곳이다.

이순신은 직산과 천안으로 이어지는 큰 길을 피하고 개(강이나 내에 조수가 드나드는 곳)와 섬 가까운 해안 지대를 끼고 걸었다.

여행길은 별 불편이 없었다. 그러나 밤이 되어 주막 봉당에 자리 하나를 얻고 눕자 고향을 수백 리나 멀리 떠나온 것처럼 느껴졌다.

그래서 그는 어머님께 편지를 썼다.

어머님, 아산에서 큰 개를 하나 건너면 화성(수원) 땅인데 꽤나 멀리 온 것 같습니다. 제 걱정은 하지 마십시오. 풍속이 똑같고 말투도 비슷하여 고향에 있는 것만 같습니다…….

이튿날은 반월, 안산, 금천(시흥)을 거쳐 금포(김포)에 이르렀고 행주 나루를 건넜다. 길은 야산들로 이루어져 있었으며 집들이 많지 않은 산길로 되어 있었다. 이순신은 요신의 말이 생각나 약간 긴장했으나 떨리거나 불안하지는 않았다. 좀도둑 두셋쯤은 때려눕힐 자신이 있었다. 그러나 그런 좀도둑은 나타나지 않았다.

행주 나루에서 서강을 건널 때 배 안에서 점잖아 보이는 노인을 만났다. 이순신이 눈인사를 하자 노인이 물었다.

"젊은이는 어디서 왔으며 어디로 가는고?"

"예, 아산 땅에서 어제 출발하여 송도로 가는 길입니다."

"그렇다면 이 근처에서 하루를 쉬었다 가야 하겠군."

"예, 그럴 작정입니다. 가다가 해가 저물면 처마 밑이라도 빌려 날을 밝힐까 합니다."

그러자 노인이 말했다.

"그럴 것이 뭐 있나? 내 별장이 신도에 있으니 오늘 밤은 그 곳에서 묵도록 하게. 봄이라고 하지만 아직도 밤에는 쌀쌀하다네."

이순신은 노인의 말에 따르기로 했다. 그런데 알고 보니 이 노인이 바로 청송 성수침(1493~1564)이었다.

이순신은 청송의 집에 가서 새삼 정중히 절을 하며 자기의 이름을 밝혔다.

"허허, 그럼 자네는 덕수 이씨 정간공의 자손이구먼그래. 파주 율곡리에도 좋은 선비가 있지. 자네하고는 한 20촌 될걸세."

"예, 아직 만나보지는 못했으나 먼 친척이 있다는 말은 들었습니다."

"그렇다면 내일쯤 파주에 들러 꼭 만나보도록 하게. 뭐니 뭐니 해도 친척은 왕래가 잦아야 하네."

"예."

율곡리의 좋은 선비란 이이를 가리키는 것이었고, 당시 이이는 27살이었다.

율곡은 벌써 13살에 진사 초시에 올랐고 수재로 이름이 높았다. 그러나 16살 때 어머니 신사임당이 세상을 떠나자 인생에 허무감을 느끼고 한때 금강산에 들어가 중이 되려고 마음먹었다.

그러나 그 후 우계 성혼을 알게 되어 다시 공부를 시작했고, 자경문(스스로 경계하는 글)을 써서 일상 생활의 지침으로 삼고 있었던 것이다. 또 22살 때엔 성주 목사를 지낸 노경린의 따님과 결혼했고, 26살에는 아버님 이원수의 상을 당해 율곡리에서 상제 노릇을 하고 있었다.

이순신은 율곡리로 가서 그를 찾아보기로 했다. 친척이고 상까지 입고 있는데 그냥 지나친다는 것은 예의가 아니라고 생각했다.

그러나 이순신은 율곡과 별로 이야기할 기회가 없었다.

친척간이긴 하지만 처음 만난 사이에 이것저것 말을 건네기가 쉽지 않았던 것이다.

하지만 율곡은 이순신을 반갑게 맞아주었다.

"정말, 잘 오셨습니다. 며칠이고 천천히 있다가 가시도록 하시지요."

"고맙습니다. 하지만 갈 길이 바빠서요……."

이리하여 이튿날 이순신은 율곡리를 떠나 송도로 향했다. 장파나루를 건너 송도까지는 반나절 길이 조금 넘을 정도였으므로 순신은 해가 높을 때 송도의 동문인 선인문을 지날 수 있었다.

송도에 온 지 며칠이 흘렀다. 그 동안 친척집에 인사 다니고 만월대와 선죽교, 그리고 자남산에 올라가 500년 옛 도읍터를 돌아보며 날을 보냈다.

어느 날 그가 선산에 갔을 때이다. 웬 무덤 옆에 석상이 쓰러져 있었다.

"저 석상을 일으킬 수 없을까?"

이순신이 이렇게 말하자 하인들이 고개를 설레설레 흔들었다.

"워낙 무거워서 일으켜 세우기가 힘이 들 겁니다."

"그렇지만 여러 사람이 덤벼들어 힘을 합하면 못 할 게 없지 않은가?"

"10사람이 들었는데도 끄떡도 안 했답니다."

이순신은 해 보지도 않고서 못 한다고 말하는 것을 이해할 수가 없었습니다.

"좋아, 그렇다면 내가 한번 일으켜 세우겠다."

"도련님이 말씀입니까?"

하인들의 두 눈이 휘둥그레졌다.

"굵직한 통나무 두 개만 구해 오게."

"그거야 어렵지 않습니다만……."

하인들은 이순신의 뜻을 잘 모르겠다는 듯 의아스런 눈빛으로 서로 쳐다보았다.

"내가 석상을 일으킬 테니까, 통나무로 재빨리 그 밑을 받치게."

이윽고 하인들이 통나무를 가져오자 이순신은 석상 곁으로 가서 이리저리 잠시 살펴 보더니 머리 부분을 두 손으로 잡고 힘을 썼다. 그랬더니 놀랍게도 석상이 조금씩 들리기 시작했다.

"야, 도련님은 정말 장사군요!"

"금년 정월에 목 잘린 임꺽정도 못 당할 힘일 거야."

이순신은 하인들이 떠들어대는 소리를 귓가로 흘리며 말했다.

"자아, 반쯤 들렸으니 통나무를 엇갈리듯이 하며 받쳐라."

"예."

통나무가 받쳐지자 이순신은 잠시 쉬었다. 그리고 다시 힘을 주어 석상을 온전하게 일으켜 놓았다. 정말 놀라운 힘이 아닐 수 없었다.

방씨 부인

이순신이 송도에 온 지도 그럭저럭 1년 가까이 되었다.

당시 조정에서는 윤원형과 이량이 세력 다툼을 벌이고 있었다. 이량은 본디 효녕 대군(세종의 아드님)의 후손으로 명종의 국구(왕비의 아버지) 심강의 처남이었던 것이다. 그런데 윤원형의 세력에 밀려 이량은 멀리 평안도 강계로 귀양을 갔던 것이다.

윤원형이나 이량이나 모두 비슷한 사람들이었으나 이량이 쫓겨나자 사람들은 몹시 기뻐했다.

이순신은 전에 약속한 대로 고향으로 돌아가는 길에 율곡리를 다시 찾았지만 율곡은 집에 없었다. 급한 볼일로 한양에 갔는데 며칠 있어야 돌아온다고 청지기가 전했다.

"그래요, 그럼 오시거든 아산의 순신이 다녀갔다고 전해 주시구려."

이순신은 섭섭한 마음을 달래며 아산으로 향했는데, 그 후 다시는 이순신과 율곡이 만나지 못했다.

집으로 돌아온 이순신은 20살이 되자 결혼을 했다. 신부는 보성 군수를 지낸 방진의 따님으로 방씨 부인에게는 어렸을 때의 재미있는 일화가 있다.

부인의 나이 12살 때의 일이라고 한다. 어느 날 도둑들이 안마당까지 들어오자 방진이 활로 도둑을 막았다. 후원의 다락 마루에 올라가 도둑을 향해 연거푸 화살을 쏘았다.

그러나 도둑의 수에 비해 화살이 모자랐다. 화살이 떨어지자 방진은 당황하여

"화살을 가져오너라!"

하고 외쳤다. 그런데 집에 있던 화살은 도둑과 내통한 계집종이 모두 없애버렸던 것이다.

이 때 어린 소녀였던 방씨 부인이

"아버님, 화살 여기 있어요!"

하며 베 짜는데 쓰는 '댓가지'를 한아름 안아다가 마루에 던졌다.

마루에 떨어지는 댓가지 소리는 마치 많은 화살이 떨어지는 소리와 같았다.

"이상하다, 화살이 없을 텐데!"

"아냐, 분명히 화살이 쏟아지는 소리였어!"

도둑들은 이 소리에 놀라 도망치고 말았다. 이렇게 방씨 부인은 어릴 때부터 영리했다.

어느 날 이순신은 방씨 부인에게 말했다.

"나는 장차 이 나라를 위해 무인이 될 작정이오. 그러니 당신도 그렇게 알고 있구려."

이순신이 이렇게 말한 것은 무인의 생활이 보통의 문관 벼슬보다

고생스럽기 때문이었다.

"저는 당신의 뜻을 따를 뿐입니다. 서방님 하시고 싶으신 대로 마음껏 하십시오."

"그 말을 듣고 나니 나도 안심이구려."

이순신은 흰 이를 드러내며 웃었다.

이순신이 무인이 되고자 하는 생각은 이미 어렸을 적부터 지녀온 것이다. 하지만 어렸을 때 생각과 어른이 되고 나서의 꿈은 많이 틀려지게 마련이다. 어렸을 때의 생각은 자라면서 얼마든지 변할 수가 있는 것이다.

동네 사람들은 더러 무인이 되려는 그런 순신에게

"선비로서 과거를 보아 학문을 닦아야지, 무엇 때문에 무변(무인을 낮추어 부르는 말)이 되려나?"

하고 나무라는 이도 있었다.

이 말에는 어딘지 무인에 대한 뿌리 깊은 멸시가 숨어 있었다.

무인은 대개 성품이 쾌활하고, 남을 배려하는 마음이 크고, 남을 의심할 줄 모르며 대쪽 같은 성격을 지닌 사람들이 많다. 이런 점들은 모두 좋은 것이건만, 사람들은 오히려 그것을 바보스럽다고 여기기도 하는 것이다.

하지만 이순신은 남이야 뭐라 하든 자기가 결심한 길을 흔들리지 않고 걸어가기로 항상 다짐했다.

'무인이 되자면 활쏘기, 칼쓰기, 창쓰기는 물론 말달리기까지 다

재다능하여야 한다.'

이렇게 생각한 순신은 활과 화살을 마련했다. 그런데 활에는 여러 종류가 있다.

그 중 보통 활로써 크고 작은 게 있는데, 활이 크고 시윗줄이 억센 것일수록 화살이 멀리 날아가고 힘도 강하다. 이런 것을 강궁이라 한다.

이순신은 체격도 우람하고 힘도 장사여서 남들이 감히 당길 수도 없는 강궁을 즐겨 사용했다.

게다가 강궁을 가지고도 50보, 80보, 100보, 120보…… 하며 거리를 늘려갔다.

그의 집 앞에는 큰 은행나무가 한 그루 솟아 있었다. 앞쪽에 밭이 펼쳐져 있고 꽤 높은 야산이 있는데, 집에서 보아 서남쪽이었다.

이 밭은 현재도 남아 있는데 '활터 거리 밭'이라 불린다. 이순신은 그 야산에 과녁을 세우고, 활 쏘는 거리에 따라 과녁을 옮겼다. 거리가 멀어질수록 과녁은 낮은 데서 높은 데로 옮겨 세웠다.

본래 밑에서 위로 올려 쏘는 활일수록 바람이나 공기의 저항을 받아 힘이 들고 화살이 멀리 날기 힘들고 과녁에 잘 맞지 않는 것이다.

그러나 꾸준한 기술 연마, 그리고 꿋꿋한 정신력 덕분에 이순신의 솜씨는 점점 늘어갔다. 이런 활솜씨를 보고 동네 어른들은 이따금 가던 발길을 멈추고 감탄했다.

"잘 쏜다. 우리 아산 땅에 명궁이 나겠는걸."
"으음, 옛날에 태조(이성계)께서도 활을 잘 쏘셨다고 하셨는데 아마도 저런 솜씨였겠지."

이순신은 그런 말이 귀에 들어오지 않았다. 어떤 일이나 그렇겠지만, 무예 단련에는 특히 정신 통일이 필요한 법, 정신을 집중시키고 다른 생각은 일체 않는 것이다.

"여보게, 순신!"

어느 날 동네에서 아저씨 뻘 되는 분이 이순신에게 말을 건넸다.

"활을 높은 데서 쏘아야 멀리 날 것이 아닌가?"

"그야 그렇습니다만……."

"그러니까 활터를 바꾸게나. 이 곳은 좁으니까 우리 밭을 빌려 주겠네."

"그 곳은 안 됩니다."

"안 된다고?"

그 어른은 의아해 하며 물었다. 모처럼 호의를 베풀어 넓은 밭을 빌려 주겠다는데 싫다고 하다니 이상하게 생각한 것이다.

"아니, 어째서 안 된단 말인가?"

"대부(친척 아저씨란 뜻)네 밭은 북쪽 방향입니다. 그러니 불가능합니다."

"북쪽이고 남쪽이고 무슨 상관이 있나? 활을 마음껏 쏠 수 있는 넓은 곳이면 될 일이지."

그러자 순신은 엄숙한 표정으로 대답했다.

"북쪽은 한양이 있는 곳입니다. 저는 임금님이 계신 대궐 쪽을 향해 활을 쏠 수는 없습니다."

이 말에 아저씨도 얼굴이 붉어지며 대꾸를 하지 못했다. 이토록 이순신의 충성심은 남달랐다.

활과 더불어 칼쓰기와 창쓰는 연습도 집 뒤꼍에서 했다. 그러나 연습할 때에는 칼이나 창 대신 긴 막대기를 사용했다.

창 대신 쓰는 긴 막대기는 어느 정도의 무게가 있어야 하기 때문에 양끝에 쇠를 끼워 그것으로 무게를 조절하며, 가벼운 것부터 차츰 무거운 것으로 휘두르거나 찌르거나 했다.

이 밖에도 새벽이면 집 뒤 방화산 꼭대기에 올라가 소리 지르는 연습을 했다. 목청을 트이게 하기 위해서였다.

옛날의 전쟁은 지금과는 달라 앞장선 장수는 체격이나 목소리로 적을 위압해야 했다. 그것은 야만인들이 얼굴에 물감을 칠해 심리적으로 상대를 위협하는 것과 같은 원리이다.

장수의 고함 소리는 적을 겁주는 데 효과가 있다. 만일 군사를 지휘하는 장수의 목소리가 적다면 명령이 구석구석까지 전달되지도 않을 것이다.

이순신은 밤이면 또 병서를 읽었다. 〈손자〉, 〈오자〉, 〈사마법〉, 〈육도삼략〉, 〈황석공〉, 〈위료자〉, 〈이위공〉 등 무인으로 무과에 응시하자면 꼭 필요한 책들이다.

이 책들은 모두 중국에서 씌어진 것인데 이 가운데서도 손자와 오자는 중요했다. 책의 내용에는 병법뿐 아니라 사람이 살아가는 도리에 대해서도 쓰여 있었다.

하지만 이 책은 내용이 매우 어렵고 의미가 분명하지 않은 것이 많았다. 그것을 연구하고 바르게 해석하며 응용할 줄 알아야 훌륭한 장수가 될 수 있었다.

이순신은 훌륭한 무인이 되기 위해 병서를 읽고 또 읽었다.

처음에 이순신의 부모님은 그가 무인이 되려는 것에 반대했다. 문신이 되기를 은근히 바랐던 까닭이다.

"네 공부가 아깝지 않느냐. 물론 무인이 된다는 것도 나쁘지는 않다마는……."

아버지는 이렇게 말했고, 어머니는 좀더 구체적인 이유를 들어 반대했다.

"설사 무과 시험에 든다 하더라도 처음 얼마간은 너를 먼 '변경'으로 보낼 것이 아니냐. 그러면 얼마나 네가 보고 싶겠느냐!"

변경은 변두리 땅이란 뜻으로, 북쪽 국경 지대를 가리켰다. 이 때만 해도 그 곳은 타국과 같아 풍속도 다르고, 그야말로 산도 설고 물도 설은 곳이었다. 때문에 무관들도 배경이 있다면 북쪽 변경으로 가기보다 하도로 가고 싶어했다. 하도는 경상도·전라도·충청도를 말하며 같은 무인 생활이라도 남쪽에서 하고 싶은 것이었다.

그런 부모님이 이제는 반대하지 않았다. 그만큼 이순신의 결심이

굳었고, 이젠 순신의 마음을 이해하게 되었기 때문이다.

그리하여 아버지 이정은 마침내 이렇게 말했다.

"사나이가 한 번 뜻을 세웠으니 이루도록 하려무나. 옛날의 최윤덕 장군은 4군을 마련했고, 김종서 장군은 6진을 개척하셨다. 너도 이왕이면 그런 분들을 본받도록 해라."

그런데 무예를 익히기에 여념이 없는 이순신에게 한 가지 문제가 있었다.

그것은 말이었다. 말달리기를 하자면 연습용 말이 필요한데 그 말을 구할 방법이 없었던 것이다.

장부의 뜻

어느 날, 이순신이 병서를 읽다가 문득 한숨을 지었다. 옆에서 바느질을 하던 방씨 부인이 손을 멈추고 물었다.

"어째서 한숨을 쉬시는 겝니까? 무슨 걱정이라도 있는지요?"

"당신이 알 일이 아니오."

"그러지 마시고 말씀해 주세요. 좀처럼 이런 일이 없는데 한숨을 다 쉬시니 여쭙는 것입니다."

"글쎄, 당신은 알 필요가 없다니까!"

이순신은 자기도 모르게 목소리가 높아졌다. 그런데 방씨 부인은 생글생글 웃으며 말했다.

"혹 말 때문이 아닌지요?"

이순신은 깜짝 놀랐다.

"아니, 그것을 어떻게 아셨소?"

"늘 곁에 있는 제가 어찌 그것을 모르겠습니까. 더욱이 저는 무인의 딸인걸요."

"그랬군. 하지만 당신이 그것을 알았다 한들 무슨 도움이 되겠소?"

그러나 부인은 여전히 웃으면서 말했다.

"말을 사시면 되잖아요."

"말을 사라고!"

"예, 사실은 시집 올 때 친정 어머님께서 많은 혼수는 해 주지 못하지만 혹 긴히 쓰일 일이 있을지도 모른다며 따로 돈 스무 냥을 주셨습니다. 그러니 그 돈으로 말을 구하세요. 명마를 사기는 힘들겠지만, 제 은비녀를 보태면 웬만큼 쓸 만한 말을 구하실 수 있을 거예요!"

방씨 부인은 문갑에서 은전을 꺼내 이순신에게 건네었다.

이순신은 너무나 감격하여 부인의 손을 덥석 잡으며 말했다.

"부인, 고맙소!"

며칠 뒤의 일이었다. 이순신은 부인이 돈을 내놓아 말을 사게 되었다는 이야기는 누구에게도 하지 않았다. 다만 장에 가서 말을 사려면, 혼자보다 작은 형과 함께 가서 흥정하는 게 좋으리라는 생각에 요신에게만 말했다.

그런데 갑자기 아버지가 이순신을 불렀다.

이순신이 무릎을 꿇고 앉자, 아버지는 말없이 돈 10냥을 건네 주었다.

"이것도 보태어 말을 사도록 해라."

"아니 아버님께서 웬 돈을……. 그것보다 어떻게 아셨습니까?"

"요신에게 들었다. 그리고 네 댁의 비녀는 돌려주어라."

이순신이 미처 대답을 못 하고 머뭇거리는 사이 아버지가 다시 말을 이었다.

"그것은 그렇고 말을 제대로 고를 수 있겠느냐?"

이 때 이순신은 아직 22살밖에 되지 않았다. 아버지만큼 세상에 대해서 모르는 것은 사실이었다. 그래서 요신과 함께 가려 했던 것인데, 요신이 말에 대해 잘 알 것인지 문득 염려스러웠다.

"말을 고르자면 우선 다리를 잘 살펴보아야 한다. 발굽에 상처가 없어야 하고, 다리가 튼튼해야 한다. 그리고 너무 살찐 말도 좋지 않다. 말이 지나치게 살이 쪘다면 보기에는 훌륭해 보여도 사람을 태우고서 오래 견디지는 못 하는 법이다. 사람도 좋은 옷에 좋은 음식을 먹고 자라면 고난을 견뎌 내지 못하는 것처럼 말도 마찬가지다."

아버지의 주의는 이순신에게 참고가 되었다. 실제로 말을 타 보니 과연 아버지의 말이 옳다는 것을 깨달을 수 있었다.

예를 들어 크고 살이 찐 말은 다리가 약하여 달리기에 부적당했다. 그리고 다리가 날씬한 것보다 좀 보기 흉하다 할 만큼 굵직한 것이 기마용으로 알맞았다.

이순신은 아버지가 일러준 주의를 생각하며 적당한 말을 골랐다.

그리고 마을 뒤 방화산 꼭대기에 있는 치마장(이순신이 말달리기 연습을 하는 곳)으로 향했다. 그 곳에 오르자면 비탈을 올라가야 했다. 이순신은 그 곳을 오르며 말을 아주 조심스럽게 다루었다.

대개 말은 앞발이 강하고 뒷발은 약하다. 그러므로 비탈길을 내려올 때는 괜찮지만, 비탈길을 올라갈 때에는 조심해야 한다. 왜냐하면 앞발이 강하므로 내려올 때는 여간해서 넘어지는 일이 없는데 올라갈 때 뒷다리가 미끄러져 엉덩방아를 찧듯 주저앉는 경우가 종종 있었다. 그러다가 심한 경우엔 다리에 부상을 입어 죽는 수도 있었다.

게다가 말처럼 신경질적인 동물도 없다. 말은 자기의 주인이 자기를 정성껏 위해 주는지 마구 부려 먹는지 잘 알고 있는 것이다.

주인이 자신을 위해 주는 것 같으면 말도 개처럼 주인에게 충성을 바친다. 그러자면 말과 주인은 서로 마음이 통해야 한다.

이순신은 말과 마음이 통했다. 비탈을 오르내릴 때는 타고 다니지 않고 내려서 끌어주었다. 자주 목욕도 시켜 주고 혈액 순환을 돕기 위해 짚 따위로 다리와 등을 박박 문질러 주면서 안장에 스친 상

처나 발굽에 작은 돌멩이라도 끼지 않았나 세심히 살펴주곤 했다.

방씨 부인 덕에 겨우 말을 마련한 이순신은 말달리기와 무예 단련을 계속했다.

다행히 방화산 꼭대기에는 평평한 곳이 있었다. 그 곳에서 말을 달리며 활 쏘는 연습을 했다.

시간이 갈수록 이순신의 승마술은 늘어 갔다. 말타는 재주에도 여러 가지가 있는데, 예를 들어 말 등에 꼿꼿이 서서 달리는 것과 말 옆구리에 붙어 달리는 것, 말 등에 바싹 엎드려 달리는 등 기술을 익혔다. 무예 단련은 1년, 2년…… 계속되었다. 그 동안 이순신에게는 첫아들인 '회'가 태어났다.

시간은 흘러 이순신이 25살 된 어느 봄이었다. 그 동안 부지런히 무예 단련을 한 이순신은 어느 정도 자신이 생겼다.

하루는 이순신이 아버지를 찾았다.

"아버님, 이제 과거를 치러 볼까 합니다. 그러려면 아무래도 서울에 올라가야만 하겠지요."

이순신이 이런 결심을 하게 된 또 하나의 이유는 동생 우신이 장가를 들어 부모님을 모실 수 있게 되었기 때문이다.

"그리고 보니 내년이 경오년이로구나. 1년쯤 앞서 올라가 무과 준비를 하는 것도 좋겠지."

아버지는 고개를 끄덕였다.

당시 과거 제도는 식년과라 하여 4년마다 실시되었는데 자·

묘·오·유자가 붙는 해에 식년과가 실시된 것이다.

"그러나 살아가기가 쉽지는 않을 것이다. 현재로선 일정한 수입도 없는데 그 곳에 가서 견딜만 하겠느냐?"

애당초 서울에서 살다가 아산으로 옮긴 것도 가난 때문이었다.

"고생은 각오하고 있습니다. 다행히 식구도 많지 않으니 저와 집사람이 노력하면 되겠지요."

"오냐, 초년 고생은 돈 주고도 사기 어렵다고 했으니, 힘껏 살아 보려무나."

이리하여 이순신은 가족을 데리고 서울로 올라왔다.

서울에 도착하여 숭례문을 다시 보게 되었을 때 이순신은 실로 감개가 무량했다. 8살에 서울을 떠났으니까 거의 20여 년 만에 서울로 돌아온 것이다.

그러나 숭례문의 모습도, 목멱산과 북악산의 모습도, 그리고 오가는 사람들의 모습도 옛날 그대로인 것만 같았다.

"앞으로 어떻게 하지요?"

방씨 부인이 물었다.

"우선 방 한 칸이라도 마련해야지. 내가 건천동에서 태어났으니까 역시 남산골이 좋겠지."

이리하여 훈련원(지금의 서울 운동장 근처) 가까운 목멱산 기슭에 방 하나를 마련했다. 그리고 이순신은 이기·이해의 집에 가서 인사를 드렸으나 노마님들은 이미 세상을 떠난 뒤였다. 다만 청학동 댁에 이순신의 먼 형님 뻘인 이원녹이 있어 그를 반갑게 맞아 주었다.

이원녹은 중종 35년에 생원과에 합격하고, 그 다음해 문과에 급제하여 홍문관 수찬을 거쳐 이조 정랑까지 올랐다. 그러다 을사사화가 일어나자 큰아버지 이기에게 부탁하여 많은 사람을 구해 낸 덕있는 선비로서 알려졌다.

"자네가 무과를 지원한다니 마음 든든하군. 요즘 젊은이들은 무과를 피하려는 경향이 있다네."

이원녹은 이렇게 말하며 이순신을 격려해 주었다. 일가 친척에게 인사를 마치고 난 이순신은 누구보다도 어릴 적 친구인 유성룡을 빨리 만나고 싶었다.

'그 때 시골로 간다고 했는데 아직도 먹제골에 있을까?'

그리하여 예전 유성룡의 집터를 찾으니

"아직 대궐에서 나오시지 않았습니다!"

하고 청지기가 말하는 것이 아닌가.

이순신은 대궐이란 뜻밖의 소리에 매우 기뻤다. 옛날의 성룡이 벌써 조정의 벼슬아치로 있는 것이다.

"그래 언제 등과하셨으며, 지금 무엇으로 계신가?"

"지난 갑자년에 문과 급제를 하셨지요. 지금은 승정원의 주서로 계십니다."

주서는 정7품 벼슬로서 상당한 요직이었다. 갑자년이라면 이순신이 송도에 갔다가 집에 돌아온 이듬해로 청송 성수침이 세상을 떠나고 명종의 세자가 승하한 해이다.

당시 율곡 이이도 문과에 장원하여 호조 좌랑, 예조 좌랑, 사간원 정언, 이조 좌랑 같은 요직을 거치고 있었다.

다음해인 명종 20년에는 대왕대비인 문정 왕후가 승하했다. 그러자 사람들은 문정 왕후가 살아 생전에 신임했던 승려 보우를 공격했고, 보우는 결국 제주도에 유배되었다가 그 곳에서 죽었다.

이리하여 윤원형도 조정에서 쫓겨났고, 을사사화로 화를 입은 사람들의 명예가 회복되었다.

이순신은 유성룡의 집에 편지를 써 놓고 집으로 왔다.

밤이 꽤 깊었는데 누군가 이순신의 집 대문을 두드렸다. 이순신이 나가 보았더니 하인 차림의 사나이가 등불을 들고 문 앞에 서 있었다. 그는 이순신을 보더니 허리를 굽히며 말했다.

"서방님이신가요?"

"그런데 자네는 누구인가?"

"예, 소인은 먹제골 주서 댁 하인이옵지요. 주인 어른께서 조금 전에 돌아오셨는데 써 놓으신 편지를 보고 반갑다 하시면서 곧 모셔 오라고 했습니다."

"오, 그래!"

이순신은 유성룡이 옛 정을 잊지 않고 밤늦게 하인까지 보내 초대해 준 것이 고마웠다.

"잠깐만 기다리게."

이순신은 급히 안으로 들어가서 의관을 갖추고 그 하인을 따라 나섰다. 바삐 걷고 있으면서도 마음은 벌써 옛날의 친구한테 달려가 있었다.

유성룡도 이순신이 왔다는 하인의 말에 사랑방 문을 벌컥 열고 버선발로 뛰어나왔다.

"오, 잘 와 주었네. 어서 안으로 들게."

그리고 이순신이 미처 자리에도 앉기 전에, 그 동안 어떻게 지냈느냐고 성급하게 물었다. 이순신은 그런 유성룡의 태도에서 자기를 진심으로 반기고 있음을 알 수 있었다.

"무예 단련을 하고 있었습니다. 이번에 서울에 온 것도 그 때문이지요."

"그렇군, 자네의 희망은 어려서부터 무인이었지. 자네 같은 사람은 역시 무인이 어울리네."

"정말로 그렇게 생각하십니까?"

"그렇다네. 지금의 형편은 매우 불안정하니 자네 같은 사람이 많이 도와 주어야 할 걸세."

당시 조정의 형편은 매우 어수선했다.

명종 22년(1567), 겨우 34살의 나이에 왕이 갑자기 세상을 떠났다. 그것은 이순신이 서울로 올라오기 2년 전의 일이다.

명종이 위독하게 되자 영의정 이준경, 도승지 이양원 등이 모여

들었다. 왕에게는 세자가 없었으므로 누구를 다음 임금으로 모실지 유언을 듣기 위해서였다.

그러나 명종은 이미 혼수 상태였고 입술만 움직일 뿐 말을 못 했다. 대신 하나가 손바닥에 먹글씨로 '하성군'이라 써 보였으나 알아보지를 못 했다. 그러다가 끝내 승하하고 말았다.

이제 대궐에는 왕비 심씨밖에 남지 않았다.

"마마께서는 생전에 덕흥군의 아들 하성군을 양자로 삼으라고 하셨소."

왕비가 말했다.

덕흥군은 중종의 후궁에서 난 왕자이다. 따라서 하성군은 왕비 몸에서 난 핏줄이 아니었지만 왕위에 올랐고, 이분이 곧 선조이다.

"지금의 상감께서는 16살에 대통(왕위를 계승함)하셨지만 아주 영특하시네. 영의정 이준경이 보필(왕을 도움)하고, 퇴계 선생을 높이 쓰려고 대제학을 내리셨다네."

"그렇다면 조정이 잘 되고 있지 않습니까?"

"그야 잘 되고 있는 셈이지. 하지만 일부에선 화합이 잘 되지 않고 있다네."

유성룡은 그 이상 말하고 싶지 않은지 화제를 돌렸다.

"그것보다 우리 오랜만에 만났으니 밤이 새도록 술이나 마시며 그 동안의 회포(마음속에 담은 생각)를 풀도록 하세."

"좋습니다."

이순신은 그 날 밤 늦도록 술을 마시며 유성룡과 그 동안의 얘기를 나누었으나 자꾸 마음에 걸리는 일이 있었다. 그것은 조정이 화합하지 못한다는 유성룡의 이야기였다.

그 후 퇴계 이황은 곧 벼슬을 그만두고 고향으로 돌아갔다. 그리고 당시 이름난 학자인 고봉 기대승(1527~1572)도 벼슬을 사임했다.

'이런 때 굳이 과거에 응시하여 벼슬을 해야만 할까? 아버님처럼 일생을 포의(벼슬이 없는 선비)로 지내는 것은 어떨까?'

이순신은 이렇게 혼자 고민하며 경오년의 식년과에 응시하지 않았다. 그러자 유성룡으로부터 편지가 전해 왔다.

어째서 무과에 응시하지 않았소? 선비 가문에 태어나 문이든 무이든 나라 위해 봉사하는 것이 당연하지 않소. 비록 세상이 흐리고 맑지 못하다 하더라도 이를 저버리고 묻혀 사는 것보다 나서서 나라 일을 바로잡고자 힘쓰는 게 대장부의 도리가 아니겠소?

더욱이 앞으로 나아가는 것은 젊은이의 기백인데 벌써부터 마음이 늙어 버렸단 말이오?

이순신은 이 편지를 읽고서 부끄럽게 생각했다. 그리하여 28살이 되던 선조 5년(1572) 별과 시험에 응시했다.

물론 그 동안 갈고 닦은 실력으로 활쏘기, 칼쓰기, 창쓰기, 병서

읽기 등에서 뛰어난 성적을 나타냈다. 그리고 말타기 시험 날이 왔다.

때는 음력 8월이었다.

더위도 한풀 꺾이고 하늘은 높고 푸르기만 하니, 훈련원에서 바라보는 북악의 모습은 뚜렷하기만 했다.

이순신은 말을 타고서 갖은 재주를 부렸다. 시험관들은 그 모습을 보며 연신 감탄의 소리를 질렀다.

"야, 훌륭하군! 귀신 같은 재주인걸."

"저 사람이 이번 별과에서 으뜸이 될 것은 틀림이 없네."

그러나 누가 알았으랴! 이순신이 탄 말이 갑자기 거꾸러지며 몸이 나가 떨어졌던 것이다. 더욱이 이순신은 말에서 굴러 떨어지는 순간 다리에 골절상을 입었다.

"아깝다, 정말 아깝다. 그러나 다리 다친 사람을 급제 시킬 수도 없고!"

시험관들은 들것에 실려 나가는 이순신을 보고서 안타까워했다.

이순신은 집으로 돌아와 방에 누웠지만 앞이 캄캄했다. 자기 탓이 아니고 말 때문이긴 했지만, 말에서 떨어질 때 좀더 정신을 차렸다면 골절상을 입지는 않았을 게 아닌가!

지금 시험에서 떨어진 것도 문제지만 그보다 다리를 다쳤으니 생활이 더욱 어려워질 것은 뻔한 일이었다.

그 동안 이순신은 서울에서 생활하기 위해 자기가 할 수 있는 일은 무슨 일이건 했으며, 방씨 부인도 바느질, 빨래품을 팔며 어려운 생활을 도왔다. 그 와중에 지난해에는 둘째 아들인 '열'이 태어나 식구는 늘었는데 이제 또 가장이 부상을 입고 누워 있으니 실로 난감해진 것이다.

그 때 유성룡으로부터 따뜻한 격려의 편지가 전해졌다.

장부로서 한 번의 실패를 가지고 절망하지는 않을 줄 믿소만, 부디 뜻을 버리지 마시오. 기회는 또 있을 것이오!

그리고 약품과 식량을 보내 주었다. 이순신은 친구의 우정이 얼마나 소중한 것인지 뼈저리게 느꼈다. 더욱이 서애가 보내 준 〈초한지〉를 읽고서 병법은 물론이고 정치·사회에 대해 큰 깨달음을 얻었다.

초한지는 초나라의 항우와 한나라 유방의 싸움을 기록한 책으로, 유방은 70여 차례나 계속해서 항우에게 지기만 하다가 마침내 승리를 거두었던 것이다. 유방의 부하로서 장량과 한신, 그리고 소하의 활약이 그에게 많은 감명을 주었다.

제3부
벼슬길에서

여진 땅

갖은 고생 끝에 마침내 이순신은 선조 9년 무과에 응시하여 합격했다. 그의 나이 32살 때의 일이다.

과거에서 그는 특히 병서 해석에서 놀라운 실력을 보였다.

"황석공이란 어떤 병서인가?"

"예, 장량에게 어떤 노인이 주었다 전해지는 병서입니다."

그의 대답은 거침이 없었다.

장량은 한 고조 유방을 도와 마침내 천하를 통일시킨 인물이다. 그러나 그는 욕심이 없어 어떠한 영화도 싫다 하고 스스로 몸을 감추었다. 따라서 그에 대한 뒷이야기는 전설이 되어 버렸고, 어떤 자는 신선이 되었다고 했던 것이다.

시험관은 이순신이 이 점을 어떻게 생각하는지 슬쩍 물어 보았다.

"장량이 적송자(전설적 인물)를 따라 다니면서 신선과 더불어 놀았다고 했는데, 과연 장량이 죽지 않았을까?"

"사람은 반드시 죽는 법입니다. 강목에도 장량이 죽었다고 했는데 어찌 신선처럼 죽지 않았다고 하겠습니까?"

시험관은 놀랐다. 강목이란 바로 중국의 주희가 편찬한 〈자치통감〉의 목차인데, 그것을 안다는 것은 방대한 내용을 전부 읽었다는 말이 된다.

'으음, 이 무인은 병서 해석에 놀라운 실력을 가지고 있구나!'

이렇게 이순신은 급제를 했다.

이순신은 그 해 12월 동구비보 '권관'이 되어 임지로 가게 되었다. 동구비보는 함경도 삼수 땅에 있는데, 산골도 지독한 산골이었다. 삼수는 지금의 함경도를 가리키는 것으로 세 개의 강이 모여 압록강으로 흘러드는 곳이라서 이런 이름이 생겼다. 동구비보의 구비란 우리 말의 물굽이를 뜻하며, 보는 주둔지라는 뜻이다. 즉 깊은 산 속에 있는 작은 군사 요지에, 권관(직관표에도 올라 있지 않는 최말단직)으로 최초의 벼슬길에 오른 것이다.

이순신은 하인 한 명과 함께 그 곳으로 혼자 출발했다. 서울을 떠나 함흥까지는 인가도 많고 사람들도 그리 낯설지 않았다.

이순신은 무인이 주로 쓰는 주립(붉은 칠을 한 갓)을 쓰고 융복(군복)을 걸쳤다. 융복은 소매가 좁고 허리 부분에 주름이 없으며, 양 겨드랑이와 등 아래쪽이 터져 있어 행동하기에 편리하도록 만들어진 옷이다. 당시 무인의 옷에는 전복(전투복)이 따로 있는데, 이것은 소매가 없는 윗옷이었고, '쾌자'라 불렀다. 그리고 이런 옷들은 안을 대었는데 색깔로서 신분을 나타내게 되어 있었다.

함흥을 지나서부터는 산악 지대였다. 동흥, 신흥, 경흥을 지나 부전령을 넘었을 때에는 몇십 리를 가도 인가가 없었다. 하인이 불안한 듯이 물었다.

"아직도 삼수는 멀었나요?"

"글쎄다, 나도 초행길이라 잘 모르겠구나!"

"그런데 나리도 어지간히 관운이 없으십니다. 30이 넘으신 나이로 처음 벼슬을 하셨는데 삼수까지 가시게 되었으니……."

하인의 말도 무리는 아니었다. 삼수는 귀양지로서 제주도 다음으로 보통 사람들이 가기 싫어하던 곳이었다. 귀양 갔다가 살아 돌아오기가 아주 어렵기 때문이다.

제주도는 육지에서 멀리 떨어져 항해하는데 위험이 따랐고, 삼수는 북쪽 끝으로 곳곳에 여진족과 맹수가 나타나는 곳이다.

그러나 이순신은 차분히 대답했다.

"사람이 싫다 생각하면 한이 없는 것이다. 그 싫다는 마음을 버리고 좋다 생각하면 어디인들 못 살 것이냐."

사실 모든 일은 마음먹기에 달린 것이다. 이순신은 모든 일을 처리했다. 여진족을 만나게 되면 그들과 애써 접촉하고 그들의 풍속을 알려고 노력했다. 서울에서 내려온 벼슬아치의 교만한 태를 조금도 보이지 않았던 것이다.

이순신이 동구비보로 가는 도중 이런 일이 있었다.

운산이란 곳에 이르렀을 때였다. 근처에 연화봉이라는 높은 산이 있었는데 그 곳에는 역도 없었다.

논은 물론이고 밭도 하나 보이지 않았다. 이순신은 하룻밤을 묶게 된 여진족 집에서 나이 든 주인과 이런저런 이야기를 나누었다.

"이런 산골에서 농사도 짓지 않고 무엇으로 생활합니까?"
"여름에는 약초를 캐고 겨울에는 사냥을 합니다."
"사냥을요?"
"예, 매사냥이지요."

이순신은 매사냥에 대해서 깊은 관심을 가졌다. 서울에서도 부자들이 매사냥을 즐긴다는 말은 들었지만, 직접 본 일은 없었다.

"좋은 매 한 마리를 가지면 말 5필, 황소 한 필과도 바꾼답니다. 그러니 밭이 없더라도 충분히 식구들이 먹고 살 수 있고 곡식이나 소금과도 바꿀 수 있는 모피를 얻을 수 있습니다."

"허어, 그 매를 어떻게 잡아 길들입니까?"

여진족의 노인은 설명했다. 매에도 여러 종류가 있는데 그 가운데에서 꼬리가 흰 놈이 제일 값나가고 우수하다고 했다.

"매는 새끼 때 잡아야 합니다. 먼저 매의 둥지를 찾아내는 게 힘들지만, 매일 자세히 살펴보면 대강 알 수가 있지요."

매는 그 성격상 아주 험준한 벼랑에 집을 짓고 알을 낳는다. 그러나 높은 나무에 잘 은폐하여 짓는 수도 있다.

그런데 이 여진족 노인은 절벽의 매보다 나무에 집을 짓는 매를 노린다고 했다.

"왜냐 하면 그 편이 잡기 쉬우니까요. 매가 비싼 것은 절벽에 있는 새끼를 꺼내러 올라갔다가 어미 매의 공격을 받아 죽는 일이 자주 있기 때문이지요."

이순신도 고개를 끄덕였다. 희소 가치가 있으니까 매를 말 다섯 필이나 큰 황소 한 마리와도 맞바꿀 수 있으리라.

더욱이 노인의 말에 의하면, 매는 1년에 알을 하나밖에 낳지 않고, 그것도 수놈과 암놈을 번갈아가며 낳는다고 한다. 그렇기 때문에 알을 도둑 맞으면 당장 암수의 균형이 깨지고 자손 번식이 되지 않아, 절멸의 염려가 있으므로 필사적으로 알을 지키는 것이었다.

"아무리 매가 약다한들 인간의 지혜는 당하지 못합니다. 매 둥지가 있는 나무 아래에서 솔가지 등을 태워 연기를 피우면 어미 매는 매운 연기를 피해 날아갑니다. 그 틈을 노려 재빨리 알이나 새끼를 꺼내 오는 것입니다."

"그래요!"

"알을 꺼내 와도 좋지만 끼는 품이나 믹이를 주는 번거로움이 있으니 태어난 지 20일쯤 지난 새끼를 꺼내 오는 것이 제일 좋습니다!"

매는 보통 수명이 몇십 년이나 되지만 인간이 기르면 20년쯤 산다고 한다. 하지만 매를 길들이기가 여간 힘든 게 아니다.

우선 매는 날고기밖에 먹지 않는데 조금 크면 산 생쥐를 주는 게 가장 좋다. 그리고 날개가 나서 푸드덕거리면 멀리 가지 못하게 발에 끈을 매어 붙잡아 두어야 한다. 그리고 팔뚝에 가죽을 둘러 매를 그 곳에 앉히는 훈련을 시킨다.

어떤 때는 매가 놀라지 않도록 눈에 검은 두건을 씌워 보지 못하게도 한다. 매는 일단 사람에게 잡히게 되면 울지 않게 되는데, 만약 매가 울기 시작하면 주인을 알아보고 마음을 준 것이 된다.

이 단계가 되면 발의 끈을 풀어주고 놓아주었다가 이름을 불러 돌아오도록 하는 훈련을 한다.

"매를 사냥에 쓰려면 5, 6년 동안의 훈련이 필요하지요. 새끼로 잡아 1년까지를 '육지니'라고 하고 2년 묵은 것을 '재지니'라고 한답니다."

"그것은 그렇고, 매를 길들이는 비결이 무엇이오?"

이순신은 가장 중요한 것을 물었다.

노인은 잠깐 생각하는 눈치였다.

"우선 매는 새끼 때 머리를 쓰다듬어 주면 안 됩니다."

"어째서?"

"그러면 사나운 맹조로서의 습성을 잊어버리지요."

"과연! 그 밖에는?"

"그리고 매는 언제나 배부르게 해 주어선 안 됩니다. 언제나 굶주려 있어야 해요. 그래야만 사냥을 잘하지요. 다만 매가 그 사냥감을 먹지 못하게 엄히 야단을 쳐두는 것입니다. 사냥을 잘해 와야 고기 한 점을 준다는 식으로, 평소부터 버릇을 단단히 가르쳐야 하는 셈이죠."

노인은 이 밖에도 매의 날카로운 부리와 발톱을 알맞게 깎아 주어야 한다는 말도 했다.

그런데 이튿날 떠날 채비를 하는 이순신에게 노인이 말을 건네 왔다.

"나리, 동구비보까지 가신다지요. 매 한 마리를 드릴 테니 그 대가로 제 아들 녀석을 데려가 주십시오. 이 아이를 하인처럼 부려도 좋습니다."

이순신은 노인의 청을 기꺼이 승낙했다.

동구비보에서 이순신은 하루하루 열심히 생활했다. 그가 하는 일은 주로 여진족의 동태를 살피고 그들이 불법적 침입을 하지 못하도록 감시하는 일이었다.

근무가 없을 때에는 여진족 하인과 매사냥을 다녔다. 사냥을 다니면서 부근의 지리를 쉽게 익혔다. 이 곳은 말달리기를 마음껏 할 수 있어 좋았다. 상쾌한 공기를 가르며 내달리는 기분은 그 무엇과 비교할 수도 없었다.

이순신은 말을 자기 몸처럼 아꼈고 말의 특성을 파악하여 세심하게 돌보려 애썼다. 그 때 안 일이지만 말은 예상 외로 헤엄을 잘 쳤다. 또 한 가지, 말은 같은 종류를 따라 모이는 군집성(떼를 지어 한 곳에 모임)이 있었다.

언젠가 이순신이 산에서 길을 잃어 당황한 적이 있었다. 그 근처의 산들은 나무들이 우거져 있고 거기가 거기 같아서 쉽게 지형을 구별할 수가 없었다. 이순신은 어떻게 하면 무사히 집으로 돌아갈 수 있을지를 생각했다.

'산 속에서 길을 잃고 허둥지둥하다간 기운이 빠져 꼼짝없이 죽게 된다.'

그래서 그는 말고삐를 풀어 주고 말이 멋대로 걷게 내버려 두었더니 말은 집을 찾아 내려왔다.

그래서 말 덕분에 무사히 돌아올 수 있었던 것이다.

훈련원 봉사

"이번에 감사가 감찰(감시하고 살핌)을 온대."
"오면 대수야! 우리 권관님은 문제 없을 텐데."

군사들이 쑤군거렸다. 소문에 의하면 함경 감사인 청년 이후백이 각 진을 순찰하면서 군기와 병기 검사, 임전 태세 따위를 검열하고 있는데 잘못이 발견되면 사정없이 담당관을 매질한다는 소문이 있어 그를 '곤장 감사' 라고 불렀다. 그런데 그가 이 곳으로 감찰 나온다는 것이다.

그러나 이순신은 별로 걱정하지 않았다. 자기 임무를 충실히 하면 되기 때문이다. 마침내 감사 일행이 동구비보에 도착했다. 그런데 이 곳은 군사들의 사기, 군기, 병기 수입, 방어 준비 등 하나도 나무랄 데가 없었다. 이 감사는 몹시 만족했다.

그 날 저녁, 이순신은 매사냥으로 잡은 토끼를 삶아 술 안주로 하여 감사와 술을 마셨다.

그 자리에서 이순신은 말했다.

"이 감사, 외람된 말이오나 이런 변경에서는 군사들의 사기가 제일 중요합니다. 그런데 사또의 체벌이 너무나 엄하여 변방 장수들은 쥐구멍을 찾고 있다고 합니다."

"그럼, 권관은 내 태도가 틀렸다는 것이오?"

이 감사는 조금 불쾌한 모양이었다.

"그런 뜻이 아니라, '중용'을 잃어 사또의 덕이 손상될까 염려됩니다."

"중용?"

이 감사의 눈이 동그래졌다. 이런 변경 산 속에서 훈계를 듣게 될 줄은 생각도 못했던 모양이다.

중용은 유교의 가르침으로, 한쪽에 치우치지 않음을 말한다. 너무 강한 것도 또 너무 약한 것도 좋지 않고 그 중간인 것이 가장 좋다는 뜻이다.

"그렇습니다. 옛날 공자의 제자인 자공과 재예가 토론을 벌였지요. 그들은 공자께서 '어느 고을이고 충과 신의가 나 못지 않은 사람은 없다. 다만 배우려 하는데 있어 나만 못할 뿐이다.'라고 한 말씀을 서로 다르게 해석하고 있었지요."

"으음."

"자공은 공자가 위대한 것은 타고난 재질이 비범하기 때문이라

했고, 재예는 후천적인 노력에서 얻어졌다고 다르게 주장했습니다. 재예의 말은 공자의 능력과 제자들의 능력이 차이 나는 것은 근본적으로 타고난 것이 달라서가 아니라 공자의 끊임없는 노력을 제자들이 따라가지 못해서 생긴 것이라고 말했습니다. 한편 자공은 양적인 차이도 아주 크게 되면 질적인 차이와 다름이 없는 것이며 노력을 그렇듯 할 수 있는 자체가 이미 선천적으로 비범한 재질이었다는 증거라고 말했지요. 그러면서 공자의 비범함의 중심이 되는 것이 바로 중용이라고 자공은 말했던 것입니다."
이 감사는 이순신의 말에 감탄하여 그의 손을 잡으며 말했다.
"내 이 곳에 와서야 비로소 학문이 무엇인지 안 것 같소. 앞으로는 나아가고 물러서는데 있어 중용을 마음에 두리다."
해가 바뀌어 이순신이 33살이 되었다. 여름도 한창일 때 서울에서 하인이 헐레벌떡 머나먼 동구비보까지 달려왔다.
"나으리, 마님께서 지난 2월 아드님을 나셨습니다. 기뻐해 주십시오."
그러자 이순신은 웃으면서 대답했다.
"그렇다면 벌써 백일도 지났겠구나. 이름을 '면'이라 지어 줄 테니, 돌아가서 일러주도록 해라."
동구비보에서의 근무 연한은 3년이었다. 이순신은 선조 12년 (1579) 35살이 되어서야 서울의 훈련원 '봉사'로 발령이 났다. 봉사는 종8품으로 비로소 직관표에 오른 말단직이었다. 그 소임은 군사들의 훈련을 담당하는 것이었다.

그러나 서울 조정의 형편은 더욱 어수선해지고 있었다. 당쟁(당파간의 싸움)이 시작되고 있었던 것이다.

"그 동안 별일 없었소?"

오랜만에 마주한 부인에게 이순신이 물었다.

"예, 집에는 별일이 없습니다만, 대사동 대감께서 이번에 벼슬을 그만두시고 해주 석담으로 내려가셨다 합니다."

"대사동 대감께서?"

이순신은 놀랐다.

이이를 가리키는 것으로 당시 이이는 대사간의 벼슬에 있었다. 그런 그가 돌연 벼슬을 그만두고 해주로 갔다 하니 놀라는 것은 당연한 일이었다.

이이는 선조 때 들어와 사헌부 지평을 지냈고 홍문관 교리로 있으면서 〈동호문답〉을 지어 왕께 올렸다. 그는 몸이 약하고 학문만 닦고자 했으며 벼슬을 자주 사임하긴 했으나, 36살 때 의정부 검상·사인, 홍문관 부응교·지제교 겸경연 시독관, 춘추관 편찬관 등을 지냈다. 이 모든 것이 이순신이 아직 무과에 급제하기 전의 일이었다.

선조 5년 원로 대신 이준경이 세상을 떠났다. 그는 죽기 전 왕에게 상소문을 올렸다.

"요즘 젊은 사람들이 턱없이 큰소리로 나라일을 떠들어 대고 당파를 가르고 있으니, 나중에 나라의 큰 화가 되지 않을까 걱정이 옵니다."

이준경은 당쟁이 일어날 것을 미리 염려한 것이다.

이 무렵 심의겸은 대사헌으로서 지평 벼슬에 있는 김효원과 사이가 좋지 않았다. 이 두 사람을 중심으로 조정에는 분담의 조건이 보이고 있었다.

하지만 이이는 그 어느 편도 아니었고, 학문을 하는 학자로서 임금의 신임을 얻고 있었다.

이이는 계속하여 38살에 홍문관 직제학, 승정원 우부승지, 춘추관 수찬에 올랐다. 그리고 선조 7년에 대사간까지 올랐던 것이다.

이 무렵 김효원은 이조 전랑을 지내고 있었다. 전랑은 정5품 벼슬로 지위는 높지 않았지만, 벼슬아치의 인사권을 맡고 있는 중요한 자리다. 이것을 심의겸이 좋아할 리 없었다. 이리하여 선조 8년(1575) 당쟁이 처음으로 시작된 것이다.

이것을 '을해 당론'이라 하는데 심의겸이 서대문 쪽 원구단 근처에 살아 그와 그를 따르는 사람들을 '서인'이라 했다. 대표적인 서인으로 송강 정철, 오음 윤두수, 사암 박순 같은 사람이 있었다.

한편 김효원은 동대문 낙산 밑에 살아 그와 그를 따르는 사람을 '동인'이라 했다. 동인의 대표적인 인물로는 서애 유성룡, 동강 김우용, 아계 이산해, 초당 허엽, 동암 이발 같은 사람이 있었다.

이이는 이를 안타까이 여겨 당쟁을 막으려고 힘썼다. 그래서 어

느 날 경연(왕께서 학문을 강의하는 자리)에서 이런 말을 했다.

"조정에 무슨 당파가 있다고 하는가! 옛말에 사람이 죽을 때는 좋은 말만 한다고 하는데 이준경이 죽으면서 한 말은 그르다 하지 않을 수 없다."

이이는 이준경이 공연한 말을 하여 오히려 당쟁을 불러일으키는 결과를 가져왔다는 것이었다.

선조는 이이의 말을 그럴듯하게 여겨 이준경에게 죄를 주라고 했다. 그러나 이준경은 이미 죽은 뒤라 생전의 관직을 박탈하는 것으로 죄를 대신했다.

그러자 유성룡이 이를 반대하고 나섰다.

"대신이 한 말이 옳지 못하다면 그것을 물리치는 것은 있을 수 있는 일이지만 죄를 주는 것은 역사에 없던 일입니다."

사실 이 때까지 영의정으로 있던 사람이 죽는 자리에서 말 한마디 잘못했다고 해서 죄인이 된 일은 없었다.

유성룡의 말에 당시의 좌의정 홍섬도 거들었다. 이 때문에 이이는 생각지 않게 서인으로 오해받고 벼슬까지 내놓게 되었던 것이다.

이순신은 조정에서 파가 나뉘어 티격태격하는 것이 염려스러웠다. 게다가 조정의 당파 싸움은 한낱 훈련원 봉사인 이순신에게도 영향을 미쳤다.

이순신의 상관 중에 병조 정랑인 서익이란 사람이 있었다. 하루는 서익이 이순신을 자기 집에 초대했다. 이순신은 상관의 청이라

뿌리치지 못해 그를 찾았더니 술상을 차려놓고 기다리던 서익의 태도가 자못 꺼림칙했다.

"삼수 같은 곳에서 3년이나 지냈다 하니 고생이 얼마나 많았소. 나는 이이와도 친한 사이였소. 이 봉사의 강직한 성격은 내 익히 들어 알고 있소. 자아, 사양 말고 잔을 드시구려."

"고맙습니다."

이순신은 마지못해 몇 잔 들긴 했지만, 서익이 무슨 꿍꿍이로 이런 환대를 하는지 감을 잡을 수가 없었다. 아니나 다를까 이윽고 서익이 입을 열었다.

"이 봉사, 사실은 부탁이 하나 있는데 꼭 들어 주시리라 믿습니다. 사실은 뭐 어려운 일도 아니지요. 다름이 아니라 지금 훈련원에 있는 서 아무개를 아십니까?"

"예."

"그가 우리 집안 사람인데, 이번 승진에 참군(정7품)으로 올라가는데 이 봉사의 도움이 필요하니 좀 도와 주시오. 뒷일은 내가 알아서 처리할 테니까."

이순신은 그 말을 듣자마자 자세를 바로하며 잘라 말했다.

"모처럼 부탁하신 일인데 죄송합니다만, 그렇게 할 수 없습니다. 아래 있는 자의 차례를 바꾸어 올리면, 반드시 그 자리에 승진할 사람이 승진하지 못하므로, 이 일은 옳지 못합니다. 또 제까짓 것이 정해진 법을 멋대로 고칠 수는 없지 않습니까."

"그러니까 자네에게 이렇듯 부탁하는 것이 아닌가!"

그러나 이순신은 끝내 서익의 부탁을 거절하고 일어났다. 이순신의 신념으로서 그릇된 청탁은 절대로 들어줄 수 없는 것이었다.

그리고 며칠이 지난 어느 날 못 보던 선비가 찾아왔다.

"조용히 말씀 드릴 게 있어 이렇게 찾아왔소."

그 선비는 이렇게 말하면서 이순신의 눈치를 살폈다.

"무슨 말씀인지……."

"실은 제가 병조 판서 대감의 심부름으로 왔소이다."

"병판께서?"

이순신은 담담하게 되물었다. 병조 판서라면 김귀영이란 사람을 가리키는 것으로, 이순신으로 볼 때에는 까마득히 높은 존재였다.

"예, 병판께서 소문을 듣고 이 봉사에 대한 칭찬이 이만저만 아니십니다. 상전의 청탁을 물리쳤다는 것은 요즘 세상에 보기 드문 강직함이니까요."

"그거야 법대로 처리한 것 뿐인걸요."

"아닙니다. 그 용기가 대단하십니다."

선비는 입에 침이 마르도록 이순신을 추어올렸다. 이순신은 잠자코 듣기만 했지만 이상한 기분이 들었다. 달콤한 말에는 가시가 숨겨져 있는 법이다.

"그래서 말씀인데……."

선비는 서서히 자기가 찾아온 목적을 말했다.

"병판께 따님이 한 명 있지요. 서녀(첩에서 난 딸)이긴 하지만 예의도 바르고 인물도 절색이며 바느질과 글이 또한 뛰어나지요. 그래서 병판께서는 그 따님을 이 봉사의 소실로 거두어 달라는 청을 넣어 보라고 하셨습니다."

뜻밖의 제안이었다. 하지만 이 일은 두 번 생각할 것도 없었다.

"뜻은 고맙지만 사양하겠습니다. 비록 벼슬길에 나온 지 얼마 되지 않지만, 권세 있는 가문의 힘을 빌어 출세하고 싶지는 않습니다."

이 말에 중매쟁이로 왔던 선비가 오히려 놀랐던 모양이다. 보통 그런 권세 있는 집안과 인연을 맺어 출세하려는 것이 사람의 욕심일 텐데, 그런 것을 거절하는 이순신이 이상하게 여겨졌던 것이다.

"참 별사람 다 보겠군. 호박이 굴러 들었는데 이를 싫다고 발길로 차다니!"

그런데 김귀영은 서익과는 사람됨이 달라 선비의 보고를 받고는 오히려 이순신을 더욱 크게 칭찬했다.

"순신은 장차 크게 될 인물이다. 그가 싫다 하니 아깝지만 어쩔 수 없는 일이다."

이런 이순신에게 또 전속 명령이 내렸다. 이번에는 충청 병사의 군관이 된 것이다.

첫 수군 생활

훈련원 봉사로 근무한 지 겨우 8개월 만에 이순신은 다시 임지인 충청도 해미로 떠났다. 해미는 지금의 서산군에 속한 곳으로 부모님이 계시는 아산과 가까워 이순신으로선 오히려 기뻤다.

당시 조정에는 동인과 서인의 당쟁이 심하여, 이이는 이를 걱정하여 동서로 갈라진 선비의 화합을 촉구하는 상소문을 올리기도 했다.

이 무렵 동인의 거두는 동암 이발로서 그의 삼형제가 모두 요직을 차지하고 있었다. 그들은 자신들과 반대당인 심의겸과 그를 따르는 사람들은 아주 없애려고 궁리했다. 이발은 또 율곡을 미워하고 있었다.

한편 서인의 거두는 송강 정철(1536~1593)로 그는 하서 김인후, 고봉 기대승에게 학문을 배웠는데 이이와 친분이 두터웠다. 본디 성격이 호탕하고 술을 좋아한 송강은 한양에서 태어났으나 전라도 선비들이 그를 따랐다.

그런데 당시 동인과 서인이 서로 맞서고 있기는 했으나 은연중에 동인보다 서인이 득세하고 있어 서인을 공격하는 상소문이 자주 올려졌고, 따라서 그 과녁은 언제나 정철이 되었다.

이이는 이런 것을 걱정하여 이발과 정철에게 각각 편지를 보내어 부탁했다.

나라의 대들보인 두 분이 마음을 합하여 정사에 힘을 써 주셔야 할 텐데. 이렇게 뜻을 달리하고 있으면 나라 일은 장차 어찌되겠습니까? 부디 화합하셔서 백성을 올바로 이끌기 바랍니다.

이런 편지를 10여 차례나 보냈으나 그 때마다 정철은 정중한 답장을 보내왔건만 이발은 답장조차 하지 않았다. 오히려 이이를 서인 편이라고 몰아세우기까지 했다.

그리하여 이발 아래로 내암 정인홍, 아계 이산해, 쌍리 이이첨 같은 사람들이 모여들었다. 이발 아래에 사람들이 많이 모여들자 여기에서 다시 파가 나뉘어 '남인'과 '북인'이 생겼다. 동인에게 가지를 친 셈이다.

남인은 유성룡, 우성전 같은 사람들이 중심이 되었다.

"이것, 점점 큰일났구나."

이순신은 조정의 형편이 점점 복잡해지는 것이 매우 염려스러웠으나 말단 군관에 불과한 신분으로 어쩔 수가 없었다.

어쨌든 해미로 내려간 이순신은 근무에 힘을 기울였다. 병사에 딸린 군관은 군령을 전달하든가 각 진영을 순찰하는 보통의 참모직 같은 것이다. 이순신은 자신이 하는 사소한 일도 소홀하지 않았다.

이러한 이순신에게 주어지는 봉급은 아주 적었다. 청렴결백하게 살고자 하는 이순신에게 봉급이 적은 것이 불만이 되지는 않았지만 그의 생활은 몹시 궁했다.

사또의 심부름으로 이순신의 숙소를 찾아왔던 군사조차 그의 생활이 궁함에 놀라곤 했다.

"아니, 이렇게도 방 안이 썰렁할 수가 있습니까?"

"썰렁하다니 무슨 소린가. 잠잘 수 있는 이부자리에, 입고 나설 수 있는 옷만 있으면 충분한 것을. 나는 이것도 나라에서 베푸는 은혜라고 생각하고 있다네."

사실 일반 양반의 생활이 얼마나 가난한지 이순신은 어려서부터 경험했다. 어렸을 때 그는 한 벌뿐인 바지 저고리를 빨래하는 날이면 갈아입을 옷이 없어 그것이 마를 때까지 방에서 나오지 못하고 지낸 적도 있었다.

해미에 와서 이순신이 가진 즐거움의 하나는 아산에 계신 부모님을 뵈러 가는 일이었다. 물론 바쁜 군무의 틈을 타서 휴가를 얻어 가는 것이었으므로 잦은 일은 아니었다. 이런 때 관에서는 휴가 비용으로 쌀을 지급했는데 그나마 이순신은 그 쌀을 남겨 반납을 하는 일도 있었다.

"이까짓 게 얼마나 된다고 도로 반납하십니까? 문서 처리하기만 골치 아픕니다."

"무슨 소리냐. 관의 것이 남았는데 반납하지 않으면 나더러 부정

을 하라는 것이냐!"

이순신은 도리어 호통을 쳤다.

이런 것이 사또의 귀에 들어가 이순신은 더욱 신임을 받게 되었다.

언젠가 이순신은 사또와 함께 술을 마신 적이 있었다. 술이 취하자 사또가 말했다.

"이 군관, 우리 어디 가서 한잔 더 마시세. 그렇지, 김 군관 집에는 좋은 안주가 있을 거야."

이렇게 말하며 사또는 이순신의 손목을 잡아끌었다.

그러나 이순신은 아무리 사또라도 예고도 없이 부하인 군관 집에 가서 술을 마신다는 것은 체통을 잃는 일이라고 생각했다. 그래서 이순신은 거짓 취한 체하며 말했다.

"사또, 지금 어디를 가자 했죠?"

그제서야 사또도 자기 실수를 깨달았던 모양이다. 그리하여 그는

"내가 취했군, 취했어……."

하고 슬그머니 손을 놓는 것이었다.

선조 13년(1580) 마침내 이순신은 전라 좌수영의 발포 수군 만호가 되었다. 발포는 지금의 전라남도 고흥군 도화면 내발리로 고흥 반도의 끝에 있는 곳이다. 수군 만호란 종4품으로서, 이를 테면 단위 부대장인 셈이다.

당시 수군은 각 도에 다 있었으나 하 3도인 경상·전라·충청의 수군을 가장 중요하게 여겼다. 왜냐 하면 지리적으로 일본과 가깝

기 때문에 왜구를 막는 게 중요한 목적이었다.

이순신은 발포 만호로 부임하자 인원과 병기 점검을 제일 먼저 실시했다. 문서에 올라 있는 병력과 실제 병력의 수가 일치하는지, 또는 병기가 제대로 갖추어져 있는지 조사해 두어야 유사시에 적절하게 사용하기 쉬운 것이다.

그런데 정작 문서에는 수군이 100명으로 되어 있는데 실제는 80명밖에 없는 일도 있었다. 또 병기도 분실되었거나 숫자는 맞더라도 손질을 제대로 하지 않아 녹이 슬고 쓸모없는 것이 많았다.

이순신이 오자마자 꼼꼼하게 일처리를 하자 부하들은 매우 긴장했다. 각 부서의 담당자들은 혹시 질책이라도 받지 않을까 겁을 냈다.

그러나 이순신은 처벌을 하기 위해 점검을 시작한 것이 아니었다. 병력이 부족하면 다시 채우고 병기가 부족하면 대장장이에게 부탁하여 칼과 창을 다시 만들도록 하여 부족한 것은 보충하도록 했다. 그러자 자신의 임무를 제대로 수행하려는 이순신을 존경하는 사람들이 많아졌다.

그러나 세상에는 강하게 하면 벌벌 떨면서도, 조금 너그럽게 해주면 얕잡아 보는 소인배가 있다. 이 곳에도 이순신의 공적을 시기하는 인물이 있었던 것이다.

그리하여 당시 전라 감사로 있던 손식이란 사람이 마침 능주까지 왔다가 이런 이순신에 대한 모함을 곧이듣고

"풋내기 만호가 전임자의 비행을 일부러 들추어내고, 말썽을 피울 작정이로구나. 그런 자는 혼을 내주어야지."

하며 별다른 이유도 없이 순신을 능주까지 소환했다. 고흥 반도 끝에서 화순군에 있는 능주까지는 먼길이었다.

감사의 명령을 받은 이순신은 말을 갈아타며 능주까지 달려갔다. 손 감사는 이순신을 보자 대뜸 병서를 한 권 내밀더니

"이를 읽고 설명해 보아라!"

하고 트집을 잡으려고 했다.

그러나 이순신은 막히는 데 없이 명쾌하게 설명을 해냈다.

"제법 병서를 읽었군. 하지만 책상물림과 실제 전투는 다르지. 발포의 지도를 한 번 그려 보아라."

이순신은 모욕을 느꼈으나 붓을 들어 발포의 지리를 세밀하게 그려 냈다. 그제서야 감사도 감탄을 했다.

"이 만호는 어쩌면 이와 같이 정교하게 그릴 수 있단 말이오?"

이 정도의 실력이면 더 이상 의심할 것이 없었던 것이다.

감사는 술상을 가져오게 하여 이순신과 이야기를 나누었다. 그제서야 감사는 소인들의 모략으로 순신을 오해하고 있었다는 것을 깨달았다.

"내가 이 만호를 오해했어. 오해보다 무서운 것이 없음을 이번에 똑똑히 알았네. 만일 자네를 헐뜯는 사람의 말을 그대로 믿고서 실행했다면 좋은 장수감을 잃을 뻔했지 않은가."

감사는 진심으로 사과의 말을 건넸다.

이순신이 발포로 돌아와 군사 훈련에 힘을 쏟고 있던 어느 날, 군관이 군사 몇 명을 데리고 나타났다.

"무슨 일로 오셨습니까?"

이순신이 묻자 군관이 대답했다.

"좌수사 나리(성박)의 명령으로 동헌 앞에 있는 오동나무를 베러 왔소이다."

"예? 동헌의 오동나무를요?"

이순신은 놀라 물었다.

"뭘 그리 놀라시오. 성 수사께서 오동나무를 베어 오라 하셨는데……."

이순신이 침착하게 되물었다.

"대체 오동나무는 베어다 무엇에 쓰신답니까?"

"글쎄요, 아마 거문고를 만드신다지요."

이순신은 그 말에 빙그레 웃으며 말했다.

"가서 수사 어른께 저 오동나무는 개인의 것이 아니라 나라의 재산이니 사사로이 베어갈 수 없다더라고 전하시오."

이 보고를 들은 성박은 몹시 화가 났으나 이순신의 말이 틀린 것이 아니었기 때문에 오동나무를 끝내 베어가지 못했다. 다만

"감히 만호 주제에 수사의 명을 거역하려 들다니!"

하고 잔뜩 벼르었다.

얼마 후 성박은 발포를 떠나고 이용이 새로운 수사로 부임했다. 떠나는 길에 성박은 이용에게 부탁했다.

"이 만호의 콧대를 꺾도록 하시오. 그는 상관을 우습게 보는 버릇이 있소."

그래서 이용은 오자마자 기습적인 검열을 실시했다. 본디 전라좌수영은 순천에 있는데 순천, 보성, 낙안, 광양, 흥양의 다섯 고을과 사도, 방답, 여도, 녹도, 발포의 5포를 관찰하고 그 5포 중에 발포를 순신이 책임맡고 있었던 것이다.

이용은 5포의 군사를 점검하고 다른 4포에 결석자가 더 많음에도 불구하고 그 곳 만호의 책임은 묻지 않았다. 다만 순신이 관할하는 발포에 대해서만 몹시 까다롭게 굴더니 3명의 결석자가 나오자 호통을 쳤다.

"이것은 근무 태만이다. 내 곧 장계를 올려 이 만호를 파면케 하겠다."

그러나 이순신은 다른 4포의 결석자가 더 많음을 알고 있었다.

수사의 부하가 그것을 알고 이용에게 귀띔을 했다.

"사또, 곧 장계를 거두도록 하십시오. 이 만호는 다른 4포의 결석자를 조사하여 그 문서를 갖고 있습니다."

"뭣이!"

이용은 깜짝 놀라 허둥지둥 장계를 회수했고 이순신을 파면시키려는 계획을 중지했다. 그러나 이용은 이순신의 꼬투리를 잡으려는 행동을 멈추지 않았다. 이 때 전라 감영의 도사(감사에 버금가는 벼슬) 조헌(1544~1592)이 이용을 나무라며 말했다.

"내가 듣건대 이 만호는 군사 다스리는 법이 우리 도에서 으뜸이라 하던데 그를 칭찬하지는 못할망정 자꾸 헐뜯기만 하면 되겠소?"

중봉 조헌은 본관이 백천으로 강직한 선비로서 명종 때 문과에 급제하여 전라 도사, 종묘령을 지냈으며 바른말을 서슴지 않아 여러 번 귀양을 갔다.

나중 일이지만 선조 24년에는 왜국(일본)의 사신이 조선에 자주 드나들어 민심이 동요되자 옥천에서 머물던 조헌은 서울로 올라와 왜국 사신의 목을 베라고 강력히 주장하다 귀양을 간 적도 있다.

그 후 임진 왜란이 일어나자 이우 등과 함께 청주에서 의병을 일으켜 왜적을 무찔렀으며, 승려 영규와 더불어 금산에서 적과 싸우다가 전사했다. 그런 조헌의 말이라 이용은 얼굴을 붉히며 말 한마디 못했다.

타고난 성실함으로 주위의 시기를 받으면서 이순신은 발포 만호로써 선조 15년(1582) 정월까지 임무에 충실했다.

그런데 "원수는 외나무 다리에서 만난다"고, 서익이 병기를 점검하는 군기 검열관이 되어 발포에 나타났던 것이다.

서익은 그 때까지도 옛날 자기의 청을 거절했던 이순신에 대한 미운 감정이 남아 있어 발포에 아무런 하자가 없었는데도 트집을 잡아 조정에 거짓 보고를 올렸다. 이 일로 순신은 벼슬에서 물러나고 말았다.

정읍 현감

파면이 되어 서울로 돌아온 이순신은 자기의 억울함을 누구에게도 말하지 않았다.

"당신과 한 집안인 이조 판서에게 가서 복직을 부탁하는 게 어떻소."

그 무렵 이이는 이조 판서의 벼슬에 올라 있었다. 이순신의 집안 내력을 잘 아는 사람 하나가 이순신의 이러한 처지를 안타깝게 여겨 말했다.

그러나 이순신은 고개를 흔들었다.

"나와 이판 대감은 한 가문이니 만나 볼 만하지만, 그가 이조 판서로 있는 동안은 만나지 않을 것이오."

이순신의 말인 즉, 비록 이이와 친척 관계이긴 하지만 그의 힘을 빌고 싶지는 않다는 것이다.

그런 이순신이 파면된 지 네 달 뒤에 다시 복직되었다. 누군가 이순신의 무고함을 알렸던 것이다. 그러나 직위는 훈련원 봉사로서 강등된 복직이었다. 하지만 순신은

"나라 위하는 길에 벼슬의 높고 낮음이 문제될 게 없다."
하고 말하며 기꺼이 받아들였다.

이순신이 복직된 지 얼마되지 않을 때 정승 유전(1531~1589)이 그가 갖고 다니는 전통(화살통)을 보고서 탐을 냈다.

"여보게, 그 전통을 나에게 줄 수 없겠나?"

그러자 이순신은 대답했다.

"전통을 드리기는 어렵지 않습니다만 남들이 볼 때 대감이 받는 것을 어떻게 생각을 하며 소인이 바치는 것을 어떻다 하오리까. 전통 하나로 대감과 소인이 더러운 소리를 들을까 염려됩니다."

이순신이 말하는 더러운 소리란, 상관에게 뇌물을 바쳤다는 오해를 받고 싶지 않다는 뜻이었다.

유전은 무릎을 치며 말했다.

"내가 생각이 짧았군. 진심으로 자네에게 사과하겠네."

선조 16년(1583) 7월, 함경도 남병사가 된 이용이 뜻밖에도 이순신에게 사람을 보내왔다.

"전날에는 내가 당신을 오해했었소. 나의 군관이 되어 북변으로 같이 가지 않겠소?"

"좋습니다."

이순신은 쾌히 승낙했다. 그는 지난일을 꽁하게 마음에 담아 두는 소인배가 아니었다.

그 후부터 이용은 모든 군무를 이순신과 의논했다.

그 해 10월 이순신은 건원보 권관이 되었다. 건원보는 함경북도 끝에 있는 경원 고을에서도 40리쯤 떨어진 곳이다.

여진족의 추장 니탕개니 울지내니 하는 자가 자주 조선의 국경을 넘어와 약탈을 해 갔다.

이순신은 이들을 물리치기 위해 치밀한 계획을 세운 다음 먼저 계곡이나 갈대밭 속에 복병을 두고 적을 유인하는 전법을 썼다. 이 계책으로 울지내와 그 부하 여진족을 사로잡는데 성공했다. 조정에서도 이 소식을 듣고 크게 기뻐했다.

그런데 이순신의 상관인 북병사(함경도엔 남병사와 북병사가 있다) 김우서가 조정에 장계를 올렸다.

이순신은 주장(사령관)인 나에게 한마디 의논도 없이 멋대로 작전을 실행했습니다. 일이 잘 되었기에 망정이지 만일 잘못되었다면 어떻게 되었겠습니까?

그는 이순신의 공을 시기했던 것이다. 김우서의 장계로 조정에서는 이순신에게 상을 주지 못하고 '참군'으로 올려주는 데 그쳤다.

그러나 이순신은 자기 임무에만 충실했다. 남의 말에 일일이 신경 쓰다 가는 정작 자신의 일은 제대로 돌볼 수가 없기 때문이다. 군자라면 소인배가 떠드는 소리에 마음을 쓰지 않는 법이다.

그런데 이순신에게 한 가지 슬픈 소식이 전해졌다. 아산에 계신

아버지가 세상을 떠난 것이다.

 이순신의 아버지 이정은 73살의 나이로 계미년 11월 15일 세상을 떠났는데, 이순신이 그것을 알게 된 것은 50여 일이나 지난 다음해 정월이었다.

 당시 벼슬아치는 부모가 돌아가시면 벼슬을 사임하고 상제 노릇을 해야 하기 때문에 이순신도 벼슬을 내어놓고 부모의 삼년상을 치르기 위해 아산으로 떠났다. 이 때 함경도 순찰사인 정언신(1527~1591)은

 "이순신은 남달리 효성이 지극한 사람이므로 아버지의 죽음에 너무 충격받아 낙심하지 않도록 잘 돌보아 주어야 한다."

 이 무렵 율곡 이이도 49살의 아까운 나이로 세상을 떠났다. 이이는 병조 판서로 있을 때 장차 닥쳐올 왜란을 예상하고 '10만 양병설'을 주장했다. 이 주장에 조정은 여러 대신들과 유성룡까지 나라의 재정 형편을 들어 반대함으로써 무산되었으나 앞날을 내다본 그의 지혜로움은 참으로 감탄할 만한 것이다.

 이순신은 40살부터 42살까지 3년 간 아버지의 상을 치르었다. 그리고 선조 19년(1586) 정월, 이순신은 다시 등용되어 사복사 주부로 임명되었다.

 사복사는 말을 관리·공급하는 관아로, 주부란 참군보다 하나 높은 종6품 벼슬을 가리키는 말이었다.

그런데 그는 부임한 지 16일 만에 함경도 조산보 만호로 전직되었다. 이순신을 갑자기 조산보에 보낸 것은 당시 북변 여진족의 움직임이 아무래도 예사롭지 않았기 때문이었다.

"순신과 같은 뛰어난 장수가 말이나 관리한다는 것은 인재의 낭비입니다!"

유성룡은 선조 임금에게 그를 적극 추천했다.

이순신은 조산보 만호로 있으면서 녹둔도 둔적관을 겸임했다. 녹둔도는 두만강 하구에 있는 작은 섬으로서, 이 곳에 둔전을 개척했다. 둔전이란 군사들이 적에 대비하는 한편 식량을 자급자족할 수 있게 땅을 개간하고 농사를 짓는 제도를 말한다.

이순신은 둔전관을 겸임하자 그 곳에 민간인 수백 호를 이주시키고 경계를 튼튼히 하여 여진족 내습에 대비했다.

그러나 병력이 매우 부족했기 때문에 이순신은 직속 상관인 북병사 이일(1534~1601)에게 군사를 늘려 줄 것을 여러 번 요청했다. 그러나 이 일은 이 요청을 들어 주지 않았다.

유성룡의 〈징비록〉에는 당시의 일이 기록돼 있다.

안개가 자욱이 낀 날 군사들은 모두 추수하러 나가고 목책(울타리) 안에는 겨우 10여 명밖에 남아 있지 않았다. 그런데 별안간 오랑캐들이 말을 타고 사방에서 몰려들었다.

이순신은 직접 유엽전(화살촉이 버들잎처럼 생긴 화살)을 가지고 연거푸 쏘아 수십 명을 말에서 떨어뜨렸다. 그러자 오랑캐들은 놀라서 달아나기 시작했다.

이 때 이순신이 혼자 말을 타고 소리치며 추격하여 오랑캐들이 약탈해 갔던 것을 모두 빼앗아 돌아왔다.

오랑캐의 공격을 잘 막아내긴 했지만 아군의 피해도 커서 수비 장수 오형, 감관 임경빈 등이 전사하고 말았던 것이다.

더욱이 농민 160여 명이 끌려갔는데, 이순신의 눈부신 활약으로 그들 가운데 50여 명을 되찾아올 수 있었던 것이었다. 이 때 이순신은 왼쪽 다리에 화살을 맞았으나 그것도 모를 만큼 정신없이 싸웠다.

그런데 이순신의 공을 시기한 이일은 오랑캐들이 공격해 들어오도록 제대로 보초를 서지 않았다는 트집을 잡아 오히려 그를 잡아다 옥에 가두고 심한 매질까지 했다.

이 때 이일의 군관으로 선거이라는 사람이 있었는데 그는 이일이 이순신을 죽일 속셈임을 알고서 순신을 찾아와 눈물을 흘리면서 말했다.

"이 만호, 아무래도 병사가 당신을 해칠 것 같소. 술이나 한 잔 드시고 사또 앞에 나가도록 하시오."

"죽고 사는 것은 천명인데 술을 마셔 무엇하오!"

이순신이 대답하자 선거이는 거듭 말했다.

"그럼 술은 마시지 않더라도 물이나 마시고 들어가시오."

선거이는 이순신이 이일의 손에 죽으리라 생각하고 이런 말을 했던 것이다. 그러나 이순신은 태연히 대답했다.

"목이 마르지 않는데 물은 무엇 때문에 마시겠소."

이윽고 이일은 이순신이 끌려오자 호통부터 치기 시작했다.

"이놈, 네 죄를 알렷다! 어째서 패전을 했느냐?"

"소장이 수비하는 병력이 약하기 때문에 여러 번 군사를 증원해 주기를 청했으나, 병사께서 허락하여 주시지 않으셨습니다. 그 공문의 원안이 지금 여기에 있습니다. 또 내가 힘껏 싸워서 적을 물리치고 추격하여 사로잡힌 농민들을 도로 찾아 데려왔는데 패전이라니 무슨 말이옵니까!"

이일은 내심 당황하여 이순신을 옥에 가둔 채 조정에 거짓 보고서를 올렸다.

그러나 조정에서는 이런 회답이 내려왔다.

이순신이 패전한 것으로 볼 수 없으니 백의 종군케 하여 공을 세울 기회를 주어라.

말하자면 이일의 체면도 살려주고 이순신에게도 기회를 준 셈이었다.

백의 종군이란 병사로 강등되어 전투에 참가하는 것으로, 이순신이 무과에 오른 지 10여 년이 지나고 공도 적지않게 세웠음에도 불구하고 다시 벼슬이 낮추어진 것이다. 이는 이순신이 상관에게 아부하지 않고 자기 신념을 지킨 대가로 얻은 것이었다.

그러나 이순신은 백의 종군 중에도 다시 공을 세워 특사가 되었다.

이순신은 함경도에서의 임기를 마쳤으나 조정에서는 그에게 새로운 관직을 주지 않았기 때문에 다시 서울로 돌아와야 했다. 그러다가 선조 22년 2월, 이순신은 전라순찰사 이광(1541~1607)의 군관이 되었다. 당시 좌의정이었던 이산해와 우의정 정언신이 이순신을 추천했던 것이다.

이광의 호는 우계로, 용재 이행의 손자였으며 이순신과는 한 가문 사람이었다.

니중 일이지만 이광은 임진 왜란이 일어났을 때, 전라감사로 충청감사 윤선각, 경상감사 김수와 병력을 합쳐 5~6만의 군사를 이끌고 왜적에 맞섰으나 독산 산성과 용인 싸움에서 잇따라 패배하고 말았다. 한편 이광은 당시 목사 권율이 장차 큰 장수가 될 재질이 있음을 알고 도절제사로 발탁하여 웅치 싸움에서 함께 싸웠다. 말하자면 명장 권율이 탄생하는 데 이광의 힘이 컸던 것이다.

그 때 이미 이순신의 나이 45살이었다. 이광은 이순신을 만나 보자 대번에 그가 인물임을 알았다.

"당신처럼 빼어난 재주를 갖고서도 뜻을 펴지 못하고 기껏 군관 노릇이나 하고 있다니 아까운 노릇이오."

그리하여 그는 조정에 고하여 이순신에게 조방장을 겸하도록 해 주었다. 조방장이란 군관이면서도 때에 따라 독립된 부대를 지휘할 수 있는 장수를 말한다.

한번은 이순신이 순찰사를 대리하여 각 고을을 순찰할 때였다. 순천에서 순천 부사인 권준과 함께 술을 마실 기회가 있었다. 이순신보다 나이가 아래인 권준이 이순신에게 그 나이에 겨우 군관이나 하냐는 듯 말을 했다.

"이 고을이 아주 좋은 데 당신이 한 번 나를 대신하여 다스려 보실 생각은 없소?"

이 말은 '이 고을을 당신에게 맡겨도 당신은 능력이 없어 제대로 다스리지 못할 것이오'라고 비꼬는 것이었다.

이순신은 그저 미소 지을 뿐 아무 대꾸를 하지 않았다.

그 해 11월 이순신은 서전관으로 잠깐 서울에 갔다가 12월 정읍 현감으로 발령이 났다. 현감이라야 지방의 수령에 지나지 않지만 백성을 직접 다스릴 수 있는 기회가 주어진 셈이다.

당시 조정에는 왜국의 사신이 자주 드나들어 민심이 동요되고, 복잡했다. 〈징비록〉을 보면 당시 왜국과의 교섭 과정이 나와 있다.

병술년(선조 19년) 왜국의 사자 귤강광이 도요토미 히데요시의 국서를 가지고 왔다.

왜(일본)는 우리와 국교를 시작한 지 거의 200년이 된다. 국교를 시작한 초기에는 우리 나라에서도 사신을 파견하여 경조(경사스런

일과 조문 따위)의 예를 갖추었다. 신숙주가 서장관으로서 왜국을 왕래한 것이 바로 그 예이다.

신숙주가 임종할 때 성종께서 남기고 싶은 말이 있으면 하라고 했더니, 그는 '왜국과의 화친을 잊지 마시기 바랍니다'고 대답했다.

성종은 신숙주의 이 말을 좇아 사신을 왜국에 보냈다. 그런데 사신들이 대마도에 이르러 큰 풍랑을 만나 병을 얻었다는 보고를 받자, 성종은 국서와 예물을 대마도 도주에게 맡기고 돌아오라고 했다.

그 후 우리 쪽에서 다시는 사신을 보내지 않았다. 그리고 저쪽에서 사신이 왔을 때만 그저 형식적으로 대할 뿐이었다.

그런데 도요토미 히데요시가 왕이 되었다. 그는 원래 미천한 출신이었는데, 무력으로 왜국의 여러 섬들을 평정하여 하나로 통합하고 마침내 외국 침략의 뜻을 가지게 되었다. 그리고 '우리는 늘 조선에 사신을 보냈는데 조선에서는 우리에게 사신을 보내지 않으니, 이는 조선이 우리를 멸시하는 것이다'라고 트집을 잡고 조정에 귤강광을 보내어 사신 파견을 요구했던 것이다.

이 때 그가 가져온 국서 내용은 몹시 거만하여 '이제 천하는 짐의 손아귀에 들어왔다.'는 글귀까지 있었다.

귤강광은 10여 차례나 우리 나라를 드나들었는데, 그 동안과 달리 도요토미 히데요시의 사신으로 왔을 때는 그 행동이 매우 교만했다.

예로부터 우리 나라에선 왜국 사신이 지나는 고을에 장정을 동원하여 창을 들고 길 양편에 늘어서서 군사적인 위엄을 보이곤 했는데 귤강광이 인동을 지나면서 창을 들고 있는 장정들에게 "너희들의 창대가 너무 짧구나."라고 비웃었다.

또 상주에 이르러 목사 송응형이 성대하게 잔치를 베풀어 주었더니, 그는 송 목사에게

"저는 수년 동안 전장에 나가 있노라 머리가 이렇게 백발이 되었지만, 사또께서는 기생들의 춤과 음악 속에서 파묻혀 아무런 근심 걱정이 없을 텐데 그렇듯 백발이 되었으니 웬일입니까."
하고 비웃듯 말했다.

이어 서울에 올라오자 예조에서 또 잔치를 베풀어 주었다. 술자리가 무르익었을 때 귤강광이 후추를 뿌리자, 우리 나라의 기생들과 악공들이 다투어 그것을 줍느라 야단이 났다.

그러자 귤강광은 숙소로 돌아간 후
"조선은 곧 망한다. 기강이 이미 허물어졌으니 망하지 않기를 어떻게 바라겠는가."
하고 중얼거렸다.

일본의 사신은 우리를 비웃고 돌아갔건만 조정은 당쟁으로 여전히 어수선했다.

그 후, 선조 21년 왜국 사신이 다시 들어왔다. 〈징비록〉에는 또 이렇게 기록되어 있다.

수길이 다시 통신사 파견을 요구해 왔다. 왜국 사신 평의지는 왜국 대장 평행장의 사위로 도요토미 히데요시의 심복 부하였다.

당시 대마도 태수는 종성장이었는데 그의 선조부터 대대로 대마도를 통치하면서 우리 나라를 섬겨 왔다. 그런데 도요토미 히데요시는 종씨를 몰아내고 평의지로 하여금 대신 대마도를 통치케 했다. 평의지가 사신으로 온 것은, 우리측이 통신사 파견을 거절할 핑계를 대지 못하도록 하고, 아울러 우리 나라의 허실을 엿보자는 속셈이었다.

이 때 유성룡은 예조 판서로 왜국과의 교섭을 담당하고 있었다.

이리하여 선조 23년 왜국으로 사신을 보내야 한다, 보내지 말아야 한다 하는 의논이 서로 엇갈리는 가운데 첨지 황윤길과 사성 김성일, 전적 허성 등은 조선을 대표하여 왜국으로 떠났다. 그즈음 나라에는 정여립 모반 사건이 발생하여 시끄러웠다.

이렇게 나라 안팎이 시끄러운 가운데 이순신은 정읍 현감이 되었다. 그런데 정읍과 이웃한 태인의 현감 자리도 비어 있어 그 자리까지 겸임하게 되었다. 현감은 종6품 벼슬로 태인현은 오랫동안 원님이 없어 미결 서류가 산더미처럼 쌓여 있었다.

이순신은 문무를 겸한 무인으로서 이런 안건들을 신속히 처리했다. 그런데 이순신이 정읍으로 내려가기 전 한 가지 사건이 생겼다. 이순신은 전라 도사인 조대중과 편지 왕래를 하고 있었는데 조대중이 정여립 사건과 관련되어 가택 수색을 당하게 되고 이 때 이순신과 주고받은 편지가 금부 도사에게 압수되게 되었다.

마침 금부 도사는 이순신을 전부터 아는 터였고, 그의 인격을 존중하고 있었으므로 이순신을 만나

"이 현감, 당신의 편지가 역적 조대중 집에서 나왔소. 당신을 위해 그 편지를 없애버릴 수도 있는데 어떻게 생각하시오?"

하고 말했다.

그러자 이순신은 담담하게 말했다.

"나는 지난날 조 도사가 나에게 편지를 보냈기에 그 답장을 한 것뿐이며, 내용도 서로 안부를 묻는 것뿐이었소. 게다가 그것은 이미 공적인 수색 문건 속에 들어 있는 것이므로 사사로이 뽑아 버리면 안 된다고 생각하오."

금부 도사는 이순신의 대답에 매우 놀라며

"역시 당신의 강직함은 변함이 없구려."

하고 가 버렸다.

비록 안부 편지라 할지라도 서로를 헐뜯는 일에 혈안이 되어 있던 당시의 상황으로 보아 모함을 당하자면 얼마든지 당할 수 있는 세상이었다. 사실 죄없는 많은 사람들이 억울한 누명을 쓰고 목숨을 잃었던 것이다.

그러나 이순신은 사필귀정(모든 일은 반드시 옳은 이치로 돌아가기 마련이다)을 굳게 믿고 있었던 것이다.

또 한 번은 이런 일도 있었다. 이순신이 공무로 서울에 간 일이 있었는데 우의정 정언신이 옥에 갇혀 있다는 뜻밖의 소식을 들었다. 정언신은 이순신이 북변에서 여진족을 토벌할 때 함께 싸운 분으로 그의 부하 중에는 이순신은 물론이고 신입, 김시민, 이억기 같은 장수들이 있었다.

그런데 정여립 사건이 일어나자 정언신 형제가 국문을 담당하게 되었다. 그러자 송강 정철이 들고 일어나 격렬한 상소문을 올렸다.

"정언신 형제는 역적 정여립과 한 집안인데 그런 사람에게 옥사를 맡기다니 안 될 말이오!"

이것은 서인이 동인을 공격하는 발언이었던 것이다. 이리하여 정언신과 그의 형 정언지는 파직되고 옥에 갇히는 신세가 되었다.

정언신이 죄가 없음을 아는 사람은 다 알았으나 상대방의 눈치를 보느라 사람들은 감히 그 사실을 말하려 들지 않았고 그를 안다는 것조차 두려워하게 되었다. 그런데 이순신은

"내가 비록 현감의 자리를 잃을망정 뇌암(정언신의 호)을 찾아가 위로를 해 드려야겠다."

하고 면회를 갔다.

"대감, 얼마나 고생이 많으십니까?"

이순신이 말하자, 이미 63살인 정언신이 말했다.

"오, 이공! 지금 어떻게 지내고 있소?"

"저는 정읍 현감으로 있습니다만, 대감께서는 이게 웬일이십니

까?"

"이공, 나는 이제 곧 죽을 걸세. 그런데 지금 왜국의 움직임이 수상하니 젊은 그대들이 이 나라를 꼭 지켜 주어야 하네."

이순신은 면회를 마치고 우울한 심정으로 나오는데, 웃고 떠드는 소리가 들렸다. 보니까 의금부의 마루에서 금오랑(금부 도사)들이 무엇이 즐거운지 재미있게 웃고 있었다.

"에헴."

이순신은 크게 헛기침을 했다. 금오랑들은 갑작스런 큰기침 소리에 놀라며 웃던 웃음을 그치고 이순신을 바라보았다.

그러자 이순신은 눈을 부릅뜨며 호통을 쳤다.

"죄가 있고 없는 것은 둘째고, 한 나라의 대신이 옥중에 계신데 너희들이 이렇듯 대정에서 웃고 떠들 수가 있느냐."

이순신의 위엄에 눌려 금오랑들은 자기들의 잘못을 뉘우치고 사과했다.

한편 이순신의 두 형 희신, 요신은 불행히도 일찍이 세상을 떠났다. 그리하여 어린 조카들이 할머니 손에서 자라고 있었는데, 정읍 현감으로 부임해 온 이순신은 그 동안 헤어져 있던 어머님을 모실 수 있게 되었고 아울러 조카들과도 함께 살게 되었다.

만호나 권관과는 달리 현감은 직접 백성들과 상대하는 관직이라 다소 생활이 나았다. 그렇다고 그리 넉넉한 형편은 아니었다. 게다가 워낙 달린 식구가 많다 보니 이순신은 여전히 가난했다. 그럼에도 불구하고 이순신은 절대로 녹봉 이외의 것을 먹지 않았다.

혹시 쌀을 미리 갖다 먹는 일이 있으면 그것을 장부에 기입하게 하고 반드시 월급에서 제하도록 했던 것이다.

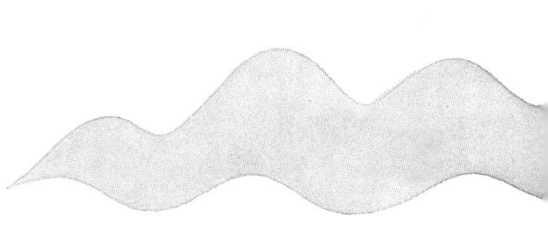

제4부
국난

전라 좌수사

선조 23년(1590) 5월, 유성룡은 우의정이 되었고 이산해는 영의정이 되었다.

그 해 왜국으로 떠난 황윤길 등은 4월 29일 부산포에서 출발하여 대마도에서 한 달쯤 머물렀다. 그리고 7월 22일에야 왜국의 수도에 도착했다. 무슨 연유인지 왜인들은 일부러 길을 돌게 하고, 또 이르는 곳마다 시일을 질질 끌게 했다.

황윤길 일행이 대마도에 있을 때 평의지가 우리 사신들을 자신의 절에 초대한 일이 있었다. 이 때 우리 사신이 먼저 절에 안내되었는데 평의지는 한참만에야 나타나더니 가마를 타고 산문 안으로 들어와 섬돌에 이르러서야 비로소 가마에서 내렸다.

이 때 부사 김성일이 벌떡 일어나 호통을 쳤다.

"대마도는 예로부터 조선의 속국이거늘 우리가 왕명을 받아 이곳에 왔는데 어찌 이렇게도 무례하단 말이냐!"

그제서야 평의지는 사과하며 그 죄를 가마꾼에게 뒤집어씌워 그들의 목을 베어 버리더니 빌었다.

이런 일이 있은 뒤부터 왜인들은 김성일을 특히 두려워하여 대접이 융숭했다.

왜국의 수도에 이르자 조선의 사신 일행은 아주 큰 절에 숙소를 정했다. 그런데 도요토미 히데요시가 없다는 이유 때문에 다시 5개월 남짓 기다려야 했다.

오랜 세월이 지나서야 겨우 사신 일행은 도요토미 히데요시를 만날 수 있게 되었다. 그런데 우리 사신들은 도요토미 히데요시를 만날 때 가마를 타고 궁전 안까지 들어가도 좋다는 양해가 있었다.

이것은 도요토미 히데요시가 왜국에서는 가장 높은 신분이지만 조선의 사신이 그 앞까지 가마를 타고 나갈 수 있을 만큼 별 볼일 없는 처지라는 것이다. 그만큼 당시의 조선과 일본은 감히 비교할 수 없을 만치 격이 달랐던 것이다. 그래서 사신들은 가마를 타고 날라리를 앞세워 들어가 예를 갖추었다.

부하 몇이 우리 사신을 자리에 안내했다. 그는 보료를 세 겹이나 깔고 앉은 채, 사모를 쓰고 검은 도포를 입고 있었다. 도요토미 히데요시는 몸이 작고 얼굴이 매우 못생겼는데 눈빛만은 매서웠다.

그 방에는 잔치에 소용되는 기구가 일체 없었고, 중앙에 놓인 탁자 위에 떡 한 그릇이 놓여 있을 뿐이었다. 그리고는 질그릇 잔으로 탁주를 돌렸다.

원래 외국에서 사신이 오면 잔치를 벌여 성대히 대접하는 것이 관례인데 그것을 무시해 버린 것이다. 우리 사신이 부산포에 돌아온 것은 선조 24년(1591) 정월이었다.

서울에 도착한 사신들은 어전 회의에 나아갔다. 이 자리에서 황윤길은 왜국의 형편을 설명하고 왜국은 반드시 우리를 침략할 거라고 보고했다. 그런데 김성일의 보고는 달랐다.

"신은 그런 징조를 보지 못했습니다."

이리하여 조정 대신들은 서로 다른 내용을 보고한 황윤길과 김성일의 의견을 좇아 의견이 두 파로 갈라지게 되었다.

한편 유성룡은 김성일과 사적으로 친분이 있었다. 그리하여 다시 한 번 김성일에게 물어 보았던 것이다.

"그대의 말은 황윤길과 같지 않은데 만일 전쟁이 일어난다면 어떻게 하겠는가?"

그랬더니 김성일은 이렇게 대답하는 것이었다.

"나 역시 왜국이 끝까지 가만 있을 것이라고 어찌 단정을 할 수 있겠소. 다만 황윤길의 말에 사람들이 동요될까 봐 염려스러웠을 뿐이오."

그즈음 이순신은 전라 좌수사에 임명되었다. 이것은 이산해, 유성룡 등이 아무래도 왜국의 침략이 있을 것 같다는 예감을 갖고 순신을 발탁한 것이었다.

이순신의 좌수사 임명에는 반대와 방해가 있었다. 먼저 이순신에게 고사리진의 병마첨 절제사 발령이 났는데 서인들이 이를 반대하는 바람에 취소되었고, 다시 만포진 수군첨 절제사로 임명됐으나 이 역시 취소되고 말았다.

현감인 이순신을 갑자기 높은 벼슬에 임명할 수 없다는 게 서인들의 반대 이유였다. 그러나 국가가 위급할 때 이순신 같은 무장을 쓰지 않는다면 큰 손해를 볼 것이라는 이산해와 유성룡의 강력한 추천에 힘입어, 이순신은 진도 군수를 거쳐 가리포(완도) 수군첨절제사로 임명되었고, 부임 도중 전라 좌수사가 되었다.

수사로 순천(여수)에 내려간 이순신은 한가로이 지내지 않았다. 지금까지 그 곳을 거친 수사들은 대부분 관아에 앉아 거드름을 피우며 명령만 내리고 부하를 들볶는 게 고작이었는데, 이순신은 달랐다.

그는 관할 진을 직접 순시하며 전선, 무기 및 병영을 보수하도록 하는 한편, 병사 훈련과 무기 점검을 실시했다.

당시 사람들은 오랜 기간 동안 태평한 생활에 젖어 있어 고된 일을 잘 하려고 하지 않았다. 그 예로 유성룡과 같은 시기의 과거에 급제한 이로라는 사람이 이순신에게 보낸 편지에는 다음과 같은 내용이 있다.

성을 쌓는 것만이 수가 아니잖소. 지금 갑작스런 역사(부역과 공사)에 백성들의 원성이 높소. 삼가(합천군에 있음)는 앞에 정진 나루가 막혀 있는데 왜적이 무슨 수로 강을 건너겠소? 무엇 때문에 부질없이 성을 쌓느라 백성들을 괴롭히는 것이오?

학식 있는 사람조차 이렇게 생각하고 있었으니 보통 사람이야 말

할 필요도 없었다. 강물이 있다고 쳐들어오고자 마음먹은 적들이 포기할 리가 없다.

좌수영의 군사들도 고된 근무와 훈련에 불평이 많았다.

"신임 수사또는 무엇이 다급하다고 저렇듯 설칠까?"

이순신은 이런 군사들에게 훈련보다도 정신 무장이 필요하다고 생각했다. 그래서 그는 스스로 앞장서서 성벽을 쌓는 돌을 나르며 방비의 필요성에 대해 설명했다.

이순신은 군사들의 훈련장으로 여수 앞바다에 있는 오동도를 이용했는데 그 곳에 항만 방어에 필요한 많은 쇠사슬과 돌을 준비해 두었다. 이 무렵 이순신의 일기에는 이런 구절이 있다.

임진년(1592) 1월 16일. ……방탑 병선 군관과 색리(감영이나 군아에서 돈과 곡물의 출납과 관리를 맡아보던 아전)들이 병선을 수리하지 않았기로 곤장을 때렸다. ……성 밑에 사는 군사 박몽세가 석수로서 선생원 돌 뜨는 곳에 가서 이웃집 개에게까지 민폐를 끼쳤으므로 곤장 80대를 때렸다…….

이순신은 또 신속한 신호용 봉수대를 설치하고, 해안 요소에 돌사람을 만들어 마치 멀리서 보면 보초처럼 보이게도 했다.

그리고 또 매달 1일과 15일 새벽에 대궐에 계신 임금을 향해 절하는 망궐례를 실시했다. 또한 무술 연마를 위해 활쏘기 대회를 열었고 이 대회에 수사 자신이 참가하기도 했다. 이렇게 함으로써 전라 좌수영은 차츰 군기가 확립되어 갔고 병사들의 사기도 높아졌다.

거북선

한편 이순신은 병선 건조에 힘을 쏟았다. 그 당시 제작된 거북선은 세계에서 그 예를 찾아볼 수 없는 획기적인 신무기였다.

현재 전해지는 〈난중일기〉를 보면 거북선에 대한 기록이 나타나 있다. 이를테면 다음과 같은 내용들이다.

2월 8일, 거북선 돛에 쓸 베 29필을 받았다.
3월 27일, 거북선의 대포 쏘기를 시험했다.
4월 11일, 돛 만들기를 시작했다.
4월 12일, 거북선에서 지자대포와 현자대포를 쏘아 보았다.

또 이순신이 뒷날 당포 해전을 보고하는 장계에도 거북선에 대한 설명이 있다.

신은 일찍이 왜적 침입이 있을 것을 염려하여 따로 거북선을 제조했습니다. 거북선의 앞은 용머리로 장식되어 있는데 그 곳에서 대포를 쏘며, 등에는 쇠못을 꽂아 함부로 올라설 수 없도록 했습니다. 또 안에서 바깥을 내다볼 수는 있어도 밖에서는 안을 들여다볼 수 없게 하였습니다. 그러므로 적선이 수백 척 있는 속이라도 뚫고 들어가 대포를 쏘며 공격할 수 있습니다.

거북선은 옛날부터 있었던 것을 더욱 새롭게 발명한 것이다.
우리 나라 수군은 고려 때부터 왜구를 막기 위해 설치되었다. 최영, 이성계 등이 왜구 격멸에 힘썼고, 최무선은 화약을 발명하고 화통(대포)을 제작하여 왜구를 무찌르는 데 큰 도움을 주었다. 세종 때에는 이종무가 왜구의 소굴인 대마도까지 정벌하여 그 뿌리를 뽑았다.
이런 전통이 가늘게나마 맥을 이어 오다가 이순신에 이르러 기술자인 군관 나대용의 도움으로 그 당시로선 최신식인 거북선이 발명된 것이다. 그러면 이렇게 새로이 발명된 거북선은 어떤 것이었을까?
이순신의 큰 형의 둘째 아들로 전쟁에 종군한 이분은 〈이순신 행록〉에서 다음과 같이 거북선을 설명했다.

……크기는 판옥선과 같고 위에는 널을 덮었는데 널에는 십자형의 좁은 통로가 있으며 그 곳을 제외한 자리에는 칼과 송곳을

꽂아 발붙일 곳이 없도록 했다.

앞에서 용머리를 만들어 그 아가리가 총구멍이 되고, 뒤에는 거북 꼬리를 만들어 그 꼬리 아래 총구멍을 내었다. 그리하여 좌우에 각 6문의 총구멍을 내었는데, 그 전체의 모양이 흡사 거북과 같았으므로 이름을 거북선이라 했다.

적을 만나 싸울 때에는 거적으로 송곳과 칼로 위를 덮어 선봉이 되어 나아갔다. 적이 배에 올라 덤비려 들다가는 칼날과 송곳에 찔려 거꾸러졌고, 에워싸고 공격하려 하면 전우좌우에서 한꺼번에 총을 쏘니, 적선이 바다를 덮듯 몰려와도 이 배는 그 속을 마음대로 드나들어, 가는 곳마다 쓰러지지 않는 놈이 없었기 때문에 크고 작은 해전에서 승리를 거두었다.

수군에는 거북선뿐 아니라 전선(판옥선), 맹선, 쾌선 등도 있었다. 이 가운데에서도 맹선은 전투함으로 적을 공격하는 데 사용되었고, 쾌선은 배의 몸통이 작아 속력이 빨랐다.

거북선에 대한 것으로 1883년의 영국의 해군 기록을 보면

고려의 전선은 쇠판자로 배 몸뚱이를 싸서 당시 일본의 나무 병선을 깨뜨렸는데, 이는 세계에서 가장 오랜 철갑선으로 한국인이 처음으로 발명한 것이다.

라고 되어 있으며 일본의 기록에도 거북선에 대한 감탄과 공포가 잘 표현되어 있다.

당시 우리 나라 명장으로 손꼽히던 사람은 신입과 이일이었는데 선조 25년 정월, 조정에선 이 두 사람을 지방에 파견하여 군비 태세를 순시케 했다.

신입은 본디 성격이 난폭한 사람으로 소문이 나 있었는데, 그는 이르는 곳마다 사람을 죽여 자기 위엄을 세웠다고 한다.

그가 당시의 좌의정인 유성룡을 만난 자리에서 이렇게 큰소리를 쳤다.

"적의 침입이 있다 해도 걱정할 것 없습니다."

너무나 적을 얕잡아보는 태도에 유성룡은 깜짝 놀랐다.

"장군, 그렇지가 않소. 전에는 왜적들도 짤막한 칼·창만 갖고 있었으나, 지금은 조총과 같은 신무기를 갖고 있답니다."

"조총인지 뭔지 가졌다고는 하지만 쏘는 대로 다 맞기야 하겠습니까?"

유성룡의 경고에도 불구하고 신입은 여전히 왜적을 얕보고 있었다.

이 무렵 조정에선 김성일을 새로이 경상 우병사로 임명했다. 전에 일본을 다녀온 후 왜적의 침입은 없을 거라고 한 장본인이었다.

그러나 마침내 4월 13일, 왜적의 침입은 시작되었다.

새벽을 틈타 왜적들은 부산포 앞바다에 시커멓게 몰려왔는데 병력이 무려 15만 명이나 되었다. 곧 부산포가 함락되고 첨사 정발이 전사했다. 이 때 경상 좌수사 박홍은 적의 세력이 엄청나 감히 출격할 엄두도 못 내고 성을 버린 채 도망치고 말았다.

왜적은 상륙하자마자 군을 두 편으로 나누어 서평포와 다대포를 각각 함락시켰다. 이 때 다대포 첨사 윤홍신은 왜적에 맞서 힘껏 싸우다가 장렬한 전사를 했다.

경상 좌병사 이각은 이 소식을 듣고 병력을 모아 동래로 달려갔다. 그러나 막상 동래부사 송상현이 성에 남아 함께 싸우자고 하자 갈팡질팡 어쩔 줄을 몰라하다가 몰래 성을 빠져 나갔다.

이틀 후인 15일에 왜적들은 동래성에 다가왔다. 송상현은 성의 남문에 올라가 군사를 지휘하며 결사적으로 방어했으나, 반나절만에 함락되고 송상현도 목숨을 잃었다.

왜적들은 송상현의 꿋꿋한 절개와 나라에 대한 충성심에 감동하여 시체를 관에 넣어 성 밖에 정중히 묻어 주었다.

동래성이 무너지자 경상도 일대의 군헌은 소문만 듣고도 도망치기 바빴다.

밀양 부사 박진은 작원의 좁은 길목에 병력을 배치하고 적을 막으려 했으나 적은 뒤로 돌아 고지로 올랐다. 퇴로가 끊긴 것을 알자 작원의 우리 군사는 뿔뿔이 흩어져 버렸고, 박진은 밀양으로 돌아와 군기고에 불을 지르고는 백성들을 산으로 데리고 피난했다.

한편 김해 부사 서예원은 성문을 굳게 닫고서 지키고 있었는데, 왜적들은 보리를 베어 보리단으로 성 밖의 연못을 메워 물을 쓰지 못하게 했다. 그러자 서예원은 성을 버리고 달아났다.

4월 17일, 좌수사 박홍이 올린 장계에 의해 왜적의 침입에 대한 보고가 비로소 조정에 알려졌다.

조정에선 즉시 이일을 순변사로 임명한 뒤 경상도로 내려 보냈다. 이에 신입이 말했다.

"이일이 외롭게 전방에 나가 있는데 그를 지원할 후속 부대가 없습니다. 어째서 맹장을 내려 보내어 그를 지원할 계책을 마련하지 않습니까?"

선조는 고개를 끄덕이고 신입에게 보검을 내리며 말했다.

"이일 이하 명령에 복종하지 않는 자가 있거든 이 칼을 쓰시오."

이러는 동안에도 전세는 시시각각 변했다. 왜적이 상주를 함락시켰고, 이일은 그 곳을 지키다가 패하여 충주로 달아났다.

이보다 앞서 경상도 순찰사 김수의 명령에 따라 문경 이하 고을의 수령들은 모두 저마다 그들의 병력을 이끌고 대구에 집결했다. 그리고 냇가에 진을 치고 순변사 이일이 오기를 기다리며 며칠을 보냈으나 순변사가 오기도 전에 먼저 적군이 다가왔다. 군사들은 스스로 싸울 준비를 갖추고 있었는데 갑자기 큰 비가 내려 옷이며 장비들이 모두 비에 젖고 군량도 끊어지는 바람에 밤사이 모두들 흩어져 도망을 가버리고 말았다.

이일이 문경에 이르니, 고을 안은 텅 비어 사람 하나 보이지 않고 개만이 짖어댈 뿐이었다.

이일은 창고의 곡식을 꺼내어 데리고 온 군사에게 먹이고, 다시 행군하여 함창을 거쳐 상주에 이르렀다. 그런데 그 곳 목사 김해는 이미 도망치고 없었으며 판관 권길만이 상주성을 지키고 있었다.

이 때 적은 이미 선산에 이르렀고, 밤이 되자 상주에서 20리밖 정도 떨어져 있는 장천까지 진출했다.

이윽고 왜적들은 조총을 쏘며 공격해 왔다. 아군은 화살로 대항했으나 사정거리가 짧아 적에게 미치지 못한 반면, 조총의 총알이 날아와 우리 군사를 쓰러뜨렸다.

이일은 사태가 급해지자 말머리를 돌려 북으로 달아났다. 그리고 문경새재를 지키려 하다가 신입이 충주에 있단 말을 듣고 다시 충주까지 달아났던 것이다.

한편, 박홍은 경상 우수사 원균에게 급함을 알렸다.

원균은 원주 사람으로 일찍이 무과에 올라 조산 만호로 여진족을 토벌한 공로로 부영 부사를 지냈다. 그는 임진 왜란이 시작되었을 때 경상 우수사 영이 있는 거제도에 있었다.

당시 원균에게는 1만 명의 병력과 100여 척의 병선이 있었다. 그러나 적지 않은 병력과 적지 않은 병선을 가지고도 원균은 겁부터 내고

"적의 세력이 강하다 하니 병선을 모두 자폭시키고 육지로 올라

가 싸우는 것이 낫겠다."

고 했다. 그러자 부하인 율포 만호 이영남이 말했다.

"사또는 왕명을 받아 수사가 되었는데 임무를 저버린 채 군사를 버리고 육지로 달아나면 뒷날 조정에서 죄를 물을 때 무슨 말로 대답하려 하십니까? 그러니 전라도에 구원을 청하여 싸운 뒤, 승리하지 못하면 그 때 달아나도 늦지 않을 것입니다."

이리하여 원균은 곤양(사천군 곤양면)까지 달아났다가 이영남을 통해 전라 좌수영에 구원을 청했다.

이순신은 원균의 구원 요청을 받았으나 그들이 상세한 정황을 알려 오지 않아 정보가 부족했다. 그래서 그는 군사를 소집하고 경계 태세에 들어감과 동시에 자신이 아는 상황들을 적어 전라 감사 이광, 병사 최원, 전라 우수사 이억기에게 보냈다.

이어 이순신은 조정에도 장계를 올렸다.

……신이 관할하는 전라 좌도는 경상도와 더불어 바다를 잇대고 있어 적이 침입하는 길목으로 도내에서 가장 중요한 곳입니다…….

이순신의 생각은 만전의 준비를 갖추고 전라도 해안을 지키겠다는 것이었다. 자세한 내막도 모르는 채 원균이 도움을 청했다 하여 전라 좌수영을 비워둔 채 경상도로 출전할 수는 없었다. 위의 장계에서도 밝힌 바와 같이 전라 좌수영은 적이 침입하는 길목으로 중요한 자리였다. 따라서 함부로 비울 수가 없었으며 또 조정에서 명령이 내려진 것도 아니었다.

그런데 이 영남을 통해 경상도 수군이 거의 전멸하고 왜적들이 갖은 약탈을 하고 있다는 말을 듣자 분한 감정이 치밀어 올랐다. 이리하여 이순신은 다시 장계를 올렸다.

……함께 나가 싸우라는 조정의 영을 엎드려 기다리면서, 소속 수군과 각 곳의 전선을 정비하고 있사옵니다.

이제 이순신으로서는 작전을 새로이 짜서 중대한 결심을 해야만 되었던 것이다.

이순신의 출전

"그러나 우리가 각각 책임을 맡은 경계가 있는데, 조정의 명령을 받지 않고서 어떻게 임의로 경계를 넘어갈 수 있겠소?"

이순신은 일단 원균의 요청을 거절했으나 마음속은 고민에 싸였다.

'조정은 멀고 명령이 내려오자면 시일이 걸릴 텐데. 그것을 기다리고 있다가 위급한 상황을 구하지 못하면 어떻게 될까?'

그런데 이순신이 이렇게 고민하면서 선뜻 결정을 내리지 못하는 이유가 또 있었다.

병법에서 "적을 알고 나를 알면 백 번 싸워 백 번 이긴다."는 말이 있다. 적과 싸우려면 반드시 이기는 것이 목표가 되어야 하는데 현재로선 이길 가망이 없었다. 그 이유는 첫째, 치밀한 계획과 준비가 제대로 되어 있지 않으므로 돌이킬 수 없는 손상을 가져올 가능성이 있었다. 둘째, 왜적에 대한 정보가 없었다. 셋째, 적군은 700척의 군선을 갖고 있다는데 좌수영에는 24척의 군선밖에 없으므로 상식적으로 판단하기에 일단 상대가 되지 않았다.

이순신이 위와 같은 이유로 망설이고 있을 때 조정에서 출동 명령이 내려졌다.

> 물길을 따라 적선을 격침하고 이미 상륙한 적에게 뒷 근심을 갖게 하라. 조정과 먼 곳에 있으므로……, 경상도와 의논하여 그 때 그 때 상황을 보아 처리하도록 하라.

준비야 어찌 되었든 조정의 명령이 내려진 이상 최선을 다하는 것이 자신의 의무라고 생각한 이순신은 즉시 군사들에게 출동 준비를 명하는 한편 경상도의 원균에게 작전상 필요한 정보 제공을 요구했다.

1. 경상도의 물길 사정

2. 양도 수군의 집결 지점

3. 왜국의 병선 척 수 및 정박지

4. 기타 작전에 관계되는 사항

그리고 소속 5포와 다섯 고을(순천, 광양, 낙안, 흥양, 보성)에 각각 통보하여 4월 29일까지 여수 앞바다에 모이도록 했다. 그러는 한편 진해루에서 급히 작전 회의를 열었다.

이 작전 회의에서 여러 의견이 나왔는데 낙안 현감 신호는 신중론을 주장했다.

"우리는 전라도를 수비하는 것이지, 경상도로 출전하는 것은 우리의 책임이 아닙니다."

그러자 군관 송희립이 주장했다.

"적이 침입하여 그 형세가 자못 위급한데, 어찌 관할 지역만 따지려 듭니까? 출전하여 다행히 이기면 적의 기세를 꺾을 것이고, 또 불행히 전사한다 하더라도 신하된 도리에 부끄러움이 없을 것이오."

그러자 이순신이 결단을 내렸다.

"전세가 위급한데 어찌 장수로서 물러앉아 맡은 지역만 지키고 있을 것이냐! 우리의 할 일은 비록 죽을지언정 나가 싸우는 것뿐이다. 감히 나갈 수 없다고 반대하는 자가 있다면 목을 베리라!"

이리하여 곧 작전 배치가 시작되었다.

선봉장(원균과의 약속으로 경상도 장령 중에서 뽑기로 함)
중위장 방답첨사 이순신
좌부장 낙안 군수 신호
전부장 흥양 현감 배흥립
중부장 광양 현감 어영담
유군장 발포 만화 나대용
우부장 보성 군수 김득광
후부장 녹도 만호 정운
좌척후장 여도권관 김인영
우척후장 사도첨사 김완
한후장 군관 최대성
참퇴장 군관 배응록
돌격장 군관 이언량
전령장 순천 부사 권준

이순신은 4월 30일 출동하기로 했으나 남해에서 들어온 보고 때문에 연기하기로 했다. 보고에 의하면, 남해현의 관아와 민가들은 모두 비어 있을 뿐 아니라 현감과 첨사조차 도망치는 바람에 창고와 병기고를 지키는 사람도 없다는 것이었다.

이 정보가 사실이라면, 경상도 수군이 모두 제자리에 없다는 것인데 그러면 작전을 다시 바꿀 필요가 있는 것이다. 그래서 이순신은 전라 우수사 이억기에게 출동을 요청하는 한편 조정에 장계를 올렸다.

지난날 경상도 여러 장수들로서 전선을 잘 정비하여 바다에 진을 치고 습격할 위세를 보이면서 적을 막았더라면, 나라를 욕되게 할 환란이 이렇게까지는 되지 않았을 것입니다. ……원컨대 한 번 죽을 것을 각오하고 곧 범의 굴을 두드려 요사스런 기운을 쓸어 버리고 나라의 부끄러움을 만분의 일이라도 씻으려 하옵는 바, 성공 여부는 신이 생각할 바가 아닌 것으로 아옵니다.

즉 그는 죽음으로써 적을 무찔러 나라의 부끄러움을 씻겠다는 각오를 한 것이다.

마침내 이순신은 5월 4일 드디어 출전하기로 최종 결정을 내렸다.

이 때 육지의 상황은 어떠했을까?

경상도 일대가 적군 손에 들어갔다는 보고에 조정은 발칵 뒤집혔다. 이리하여 이양원을 수성 대장에 임명하여 한양을 지키게 하고, 김명원을 도원수에 임명하여 한강을 지키도록 했다.

한편 왜적은 문경새재를 넘어 충주로 진격해 왔다. 신입은 적들을 맞아 싸웠지만 무참하게 패하고 종사관 김여물과 함께 탄금대 앞 강물에 몸을 던져 자결했다.

4월 27일 이일은 적들에게 밀려 북쪽으로 달아났다. 이리하여 선조는 마침내 한양을 버리고 4월 30일 파천(임금이 서울을 떠나 난을 피함) 길에 올랐다. 그리고 왕자들을 각 도에 나누어 보내어 군사들을 집합하도록 했다. 즉 왕자 임해군은 함경도로, 순화군은 강원도로 가게 한 것이다.

좌의정이던 유성룡은 임금의 어가(임금의 수레)를 따랐다. 곧이어 유성룡은 영의정이 되었고 모든 것을 지휘하게 되었다.

5월 2일 선조는 개성에 이르렀는데, 임금이 파천 길에 오른 어수선한 상황에서도 대신들간의 당파 싸움은 계속되어 유성룡이 파직되고 하루 만에 영의정이 최홍원으로 바뀌었다. 당시 조정이 얼마나 혼란스러웠는지 쉽게 알 수 있다.

5월 3일 왜적은 기세등등하게 서울로 침입했다. 당시 서울을 지키던 도원수 김명원과 수성 대장 이양원은 결국 적과 싸워 보지도 못 하고 흩어지고 말았다. 다만 강원도 조방장 원호가 군사 수백 명을 이끌고 여주강 북쪽 기슭을 지키며 적의 침입을 며칠 동안 막아 냈을 뿐이다. 그러나 이 곳도 결국은 왜적에게 빼앗기고 말았다.

이 무렵 부원수 신각이 양주에서 적과 싸워 승리를 거두고 처음으로 적군 60여 명의 목을 베었다. 이 승리는 육전에서의 첫 승리라 사람들에게 큰 기쁨을 주었다. 그런데 김명원이 잘못된 장계를 올리는 바람에 신각은 공을 세우고서도 어이없게 처형당하고 말았다.

그 내용은, 처음에 신각은 김명원의 부원수로 종군했는데 한강에서 흩어질 때 김명원을 따라가지 않고 이양원을 따라 양주로 갔다. 그리하여 서울에서 나와 약탈을 일삼는 왜적을 만나자 함경도 남병사 이혼의 군사와 합세하여 적을 공격하고 그들의 목을 베었다.

그런데 김명원은 조정에 올리는 장계에 신각이 멋대로 부대 이탈을 했다고 보고했다. 그래서 조정에서 보낸 선전관이 신각을 처형하기 위해 떠난 직후 신각이 첫 승리를 거두었다는 정보가 들어왔다. 조정에선 깜짝 놀라 급히 사람을 보내어 처형을 중단하라 했으나 신각은 이미 처형된 뒤였다.

김명원과 한응인의 부대마저 임진강에서 또 패하는 바람에 왜적들은 함경도까지 밀고 올라가게 되었고, 임해군과 순화군 두 왕자는 적군의 손에 포로로 잡히고 말았다.

한편 평양에 머물러 있던 선조는 다시 의주로 피했다.

이순신이 출전을 결심했을 때에는 이렇듯 모든 상황이 불리해져 있었던 것이다.

이순신의 함대는 5월 4일 새벽 2시쯤 경상도를 향해 진격해 나갔다. 함대는 판옥선 24척, 협선 15척, 포작선 46척으로 모두 85척이었다.

이 가운데 실제로 전투 능력을 가진 배는 판옥선 24척이고, 협선은 작은 배로 척후(적의 형편 또는 지형 등을 정찰하고 탐색함)와 적 추격에 사용하는 작은 배에 불과했다. 그리고 포작선은 고기잡이 배를 개조한 것으로 식량 수송과 연락 등에 쓰이는 배였다.

이순신은 중부장 어영담을 물길 안내자로 삼아 선봉이 되게 했고, 김인영과 김완을 척후장으로 삼아 적에 대한 수색과 정보 수집의 임무를 주었다.

날이 밝자 이순신은 메주목이란 곳에 이르렀다. 이 곳에서 잠시 머물면서 작전을 세우고, 소비포(고성군 하일면)에서 하루를 머물렀다. 그 때까지 적선을 발견하지 못했던 것이다.

이튿날 새벽, 함대는 다시 출발하여 당포(통영군 신양면)로 향했다. 당포는 애당초 경상 우수사 원균과 만나기로 한 장소였다. 그러나 당포 앞바다에 이르러 보니 아군의 배가 한 척도 보이지 않았다.

'이상하다?'

이순신은 그를 반갑게 맞이하고 적에 대한 정보를 입수했다.

곧이어 남해 현감을 비롯한 경상 우수영의 수군들이 판옥선 3척과 협선 2척에 나누어 타고 도착했다. 작은 병력이었으나 이들을 만난 전라 좌수영의 수군들은 사기가 높아졌다.

당포 해전

이순신은 새로운 작전 회의를 열고, 송이포에 이르러 밤을 지냈다.

5월 7일 새벽 이순신은 함대를 이끌고 송이포를 떠나 왜적 함대가 있다는 가덕포 방면으로 뱃머리를 향했다.

이윽고 12시경, 옥포 앞바다에 이르자 이순신이 탄 판옥선에 신기전이 날아왔다. 신기전이란 적 발견을 알리는 신호 화살로, 작은 주머니에 통신문이 들어 있는 것을 말한다.

이순신은 곧 부하 장수들을 집합시켜 작전 명령을 하달하고 당부의 말을 했다.

"가볍게 움직이지 마라! 침착하게 태산처럼 무겁게 행동하라!"

처음으로 적을 만났을 때는 흥분하기 쉬운 데다 해전은 육전과는 달리 통일된 행동이 필요하며, 침착한 공격이 요청된다. 이순신은 그 점을 다시 한 번 강조했다.

이 때 옥포에는 왜선 30여 척이 정박하고 있었다. 그들은 상륙하여 마을에 불을 지르고 온갖 약탈을 일삼고 있었다.

우리 함대가 가까이 다가가자 그 때까지 약탈에만 정신이 팔려 있던 적들은 허둥지둥 배로 몰려들었다. 갑작스런 공격에 방심하고 있던 적들은 이길 가망이 없음을 깨닫고 해안을 따라 도망치기 시작했다.

이순신의 공격 명령이 떨어지자 아군들이 쏘는 화살과 포탄이 달아나는 적선을 향해 날았다.

육지에서는 함경도까지 밀고 올라간 왜적들이었지만 그 동안 차근히 훈련을 쌓은 우리 수군들을 상대하기에 그들은 역부족이었다.

이 해전에서 우리는 적선 26척을 박살내고 불태워 버렸다. 바다

는 불꽃과 연기로 뒤덮였고 부서진 뱃조각과 왜적의 시체가 둥둥 떠다녔다.

"만세, 우리가 이겼다!"

아군 병사들은 첫 싸움에서 승리를 거두자 모두 신이 나서 소리를 질렀고, 비로소 적과 싸워 이길 수 있다는 신념을 갖게 되었다.

승리한 아군 함대는 영등포 앞바다로 이동했다. 그 곳은 거제도의 북쪽 끝으로 왜적이 자주 드나드는 웅천과 안골포(창원군 웅천면)의 길목이었다.

저녁이 되자 척후선에서 또 신기전이 날아들었다.

멀지 않은 해상에 왜적 5척이 지나고 있습니다.

이순신은 곧 전 함대를 동원하여 추격을 시작했다. 그러자 왜적은 죽을힘을 다해 도망치다가 합포(창원군 내서면) 앞바다에 이르자 배를 버리고 육지로 도망쳐 버렸다. 옥포 해전에서 아군이 승리했다는 소문이 벌써부터 그들을 겁먹게 한 모양이었다.

이순신은 적선 5척을 완전히 파괴해 버렸다. 그리고 합포에서 하룻밤을 지내는 척하다가 어둠이 깔리자 남포 앞바다로 함대를 몰래 이동시켜 쉬도록 했다. 이것은 밤 사이에 있을 왜적들의 공격에 대비한 것으로 싸움에 승리하고서도 한순간도 방심하지 않아야 된다는 것이 이순신의 생각이었다.

5월 8일, 이순신은 고량리에 왜선이 있다는 정보를 얻었다. 그 즉시 함대를 둘로 나누어 섬들을 수색하며 적진포까지 나아가자 크고 작은 왜선 13척이 발견되었다.

그런데 왜적들은 이순신의 함대가 그렇듯 가까이 다가온 것도 모른 채, 배를 해안에 대고 육지에 상륙하여 노략질하기에 바빴다.

이순신의 함대는 즉각 화살과 포환을 날려 왜선 11척을 격파했다. 나머지 2척만 겨우 달아났다. 다시 한 번 수군을 승리로 이끈 이순신은 군사들에게 아침을 지어 먹게 하고 잠시 쉬게 했다. 그 때 웬 사람 하나가 이순신의 함대로 다가왔다.

"넌 누구냐?"

부하 장수 중 한 명이 묻자 그는 대답했다.

"예, 저는 적진포에 사는 백성인데 이름은 이신동이라 합니다."

"그런데 여긴 어쩐 일이냐?"

"예, 왜병들의 동태를 알아두시면 도움이 될 것 같아 알려 드리려고 왔습니다. 왜병들은 어제 이 곳 포구에 들어와서 많은 약탈을 했습니다. 그리고 곡식과 재물을 배에 싣고 반은 고성으로 떠나고, 반은 이 곳에 남았다가 아군의 공격을 받게 된 것입니다."

이 말을 들은 부하 장수들은 분을 이기지 못해, 왜적들이 집결해 있다는 고성을 공격하자고 주장했다. 그러나 이순신은 다시 한 번 빈틈없는 전략을 세우기 위해 일단 여수로 돌아갈 결심을 했다.

함대는 다시 여수로 돌아왔다.

이번 출동에서는 왜선을 무려 42척이나 부수고 적군 수백 명을 무찔렀으나 아군은 한 명의 전사자도 없었다. 다만 몇 명의 군사가 가벼운 상처를 입었을 뿐이었다.

이번에 이순신의 함대가 승리를 거둔 전투를 모두 통틀어 옥포 해전이라 부르는데, 이 승리로 왜적들은 쉽게 전라도 쪽을 침입하지 못하게 되었다.

이순신은 다시 전선을 정비하고 군사들을 쉬게 한 다음 6월 3일 여수 앞바다에 함대를 집결시켰다. 전에는 전라 우수영이 출동하지 않았으나, 이번에는 함께 출동하기로 되어 있었다.

그런데 5월 27일 원균의 급한 공문이 도착했다. 내용인즉 적선 10여 척이 사천과 곤양 등지를 침범했으므로, 노량으로 피한다는 것이었다.

사천과 여수는 해상 거리로 30마일밖에 되지 않았다. 따라서 적들이 어느 때에 공격해 올지 알 수 없는 것이다.

마음이 급해진 이순신은 6월 3일까지 기다릴 수 없어, 5월 29일에 출동하면서 전라 우수사 이억기에게 급히 공문을 띄워 뒤따라오라고 부탁했다.

함대 편성은 대체로 전과 다름이 없었으나 신임 장수가 있어 약간 바뀌었다. 이기남이 돌격장으로 새로이 참가한 것이다. 그런데 당시 함대는 겨우 23척에 불과했다.

노량에 이른 이순신의 함대는 원균과 합류했다.

"지금 적선이 어디에 있소?"

이순신이 원균에게 물었다.

"사천 등지에 출몰하고 있소이다."

그런데 마침 적선 1척이 곤양에서 나와 해안을 끼고 사천으로 가는 게 발견되었다.

"즉시 따라잡아라!"

이순신의 우렁찬 목소리와 함께 함대의 선봉장인 기효근 등이 추격했다.

그러자 왜적들은 배를 버리고 육지로 올라가 달아나기 시작했다. 기효근 등은 왜적의 빈 배에 불을 지른 후 사천 앞바다를 나갔다. 사천에 정박해 있던 왜적들의 형태는 전과 달랐다. 400여 명의 적이 산 위에 일자로 늘어선 채 진을 치고 있었다.

또 산 아래 해안에는 누각(사방이 탁 트이게 높이 지은 다락)을 꾸민 큰 배 12척이 매어져 있었다. 이순신은 적진의 움직임과 조류를 살펴보고 나서 말했다.

"적이 우리를 유인하려고 하는구나. 지금 저 곳까지는 우리의 화살이 미치지 못할 것이고 게다가 적은 높은 곳에 있고 우리는 낮은 곳에 있으니 아무래도 지금 공격하는 것은 무리일 것 같다. 해도 저물어 가고 썰물 때이니 오히려 우리가 물러가는 척하여 적을 유인하는 것이 좋을 것 같다."

"그러면 그들이 우리의 꾐에 빠질까요?"

"교만한 적은 반드시 상대편을 얕보고 방심하기 마련이다. 지금 적의 진을 보니 오만함이 하늘을 찌르는 듯하구나."

이리하여 이순신의 함대는 겁을 먹고 도망치는 것처럼 꾸몄다. 그러자 적군 200여 명이 산에서 내려와 배를 타고 우리 함대를 뒤따라왔다.

이순신은 적당한 거리까지 적을 유인하자

"뱃머리를 돌려라!"

하고 명령했다. 그리고 이 날 처음 출격한 거북선으로 하여금 적진 속에 돌진하여 천·지·현·황·자의 포를 쏘게 했다.

거북선의 출현으로 왜적은 큰 혼란에 빠졌다. 그 틈을 노려 우리의 함대가 총공격을 시작했다. 마침내 왜선 12척이 불길에 싸이자, 왜군들은 비명을 지르며 바다에 뛰어들었다가 죽은 자가 수없이 많았다.

마침 밀물 때라, 순신의 함대는 해안까지 들어가 육지의 왜적을 공격할 수 있었다. 승리를 거둔 우리 함대는 어둠이 깔리자 모자랑포로 물러나 거기서 밤을 지냈다.

이순신은 작전을 세울 때 지나치게 무리하지 않아야 한다는 생각을 갖고 있었다.

흔히 한 번 승리를 하게 되면 물불을 가리지 않고 적을 쫓아 깊이 들어갔다가 오히려 패전하는 수가 있기 때문이다. 그것을 잘 아는 이순신은 결코 그런 위험한 전술을 쓰지 않았다.

게다가 병력이 많지 않은 아군의 입장으로는 치고 달아나는 전술이 군사의 희생을 최소한으로 줄이면서 적을 무찌를 수 있는 방법이었다.

이번 싸움은 아주 치열하여 이순신도 어깨에 총알을 맞아 관통상을 입었는데, 피가 발뒤꿈치까지 흘러내렸지만 끝까지 활을 놓지 않고 적을 향해 쏘았다.

싸움이 끝난 뒤에야 작은 칼로 살을 째고 총알을 파냈는데, 그 깊이가 아주 깊어서 부하들도 그것을 보고 놀라지 않을 수 없었다. 그러나 이순신은 자기의 부상보다도 부하들의 상처를 더 염려하여

"내 걱정은 하지 말고 다친 병사들이나 잘 치료하라."

하고 말했던 것이다.

6월 2일, 사량(통영군 원량면)에서 이순신의 함대가 쉬고 있을 때 또 하나의 정보가 들어왔다. 당포에 왜선이 정박하고 있다는 것이었다.

당포에는 왜병이 300명 남짓 있는데 그들의 일부는 노략질을 하고 있고 일부는 경계를 하고 있다고 전해졌다. 그리고 왜선은 모두 21척으로 큰 배가 9척, 중형 배가 12척이라고 했다.

이리하여 이순신은 함대를 이끌고 즉각 당포로 나아갔다. 당포에는 20여 척의 배가 정박하여 있었는데, 그 가운데 높은 누각을 세우고 주위에 붉은 비단으로 휘장을 두른 왜장의 배가 눈에 띄었다.

우리 아군은 왜장이 탄 배를 집중 공격했다. 본래 싸움에서는 적

장이 먼저 쓰러지게 되면 거의 승리한 것이나 다름없었다. 이는 군사들의 사기와 관계가 깊기 때문이다.

이윽고 왜적의 사령관 배가 침몰되자 갑자기 그들의 사기는 꺾였고, 우리의 공격은 더욱 맹렬해졌다.

이 곳에서도 거북선은 대활약을 했다. 왜적은 거북선에 집중 공격을 했지만, 소용이 없었다.

이 해전이 당포 해전인데 실로 통쾌하게도 적선 21척을 모조리 불태워 버렸다.

그리고 겨우 살아남은 왜적들은 육지로 도망쳤다. 우리 수군은 이들을 추격하여 모두 무찌르려고 했으나 이 때

"왜적의 큰 배 20여 척이 수많은 작은 배를 거느리고 오고 있다."

는 보고를 받았다. 그러자 이순신은 부하들의 불안을 없애 주려고 크게 외쳤다.

"적이 오면 싸울 뿐이다!"

그리고 함대를 이끌고 다시 바다로 나갔는데, 1마일 정도 떨어진 곳에 있던 적 함대는 우리 수군을 보자 싸울 생각도 않고 달아날 궁리부터 했다.

그러자 이순신은 야간 추격은 위험하다는 생각에 함대를 일단 안전하게 창신도 근처에 정박시켜 그 곳에서 하룻밤을 보냈다.

무적 함대

6월 4일 아침, 이순신은 함대를 몰아 다시 당포 앞바다로 갔다. 그러자 산으로 피난했던 우리 백성 중에 강탁이라는 사람이 달려와서 정보를 알려주었다.

"지난 2일, 당포에서 살아남은 왜병들이 울면서 자기네 동료들의 시체를 한 곳에 모아 불사르고 육로로 달아났습니다."

그러나 이순신은 그것보다 더 궁금한 것이 있었다.

"구원하러 오던 왜선은 어느 곳으로 갔느냐?"

"예, 그들은 거제로 갔습니다."

이리하여 거제도 방면으로 가다가 전라 우수사 이억기가 거느린 전선 25척과 만났다. 이것으로 우리 수군의 사기는 하늘을 찌를 듯이 높아졌다.

이억기(1561~1597)는 어려서부터 무예에 뛰어나 장군이란 별명이 있었다. 그는 종실 심주군 후손으로 17살 때 사복사 내승이란 직책을 맡았고, 이어 무과에 급제하여 북변의 여진족 토벌에 나섰으며 경흥과 온성 부사를 차례로 지냈는데 선정을 베풀어 평판이 높았다.

이억기는 나중 일이지만 충무공이 원균의 모함으로 파면되고 옥에 갇혔을 때, 충무공의 무죄를 주장했고, 정유 재란 때 사천 앞바다 해전에서 힘껏 싸우다가 힘이 다하자 바다에 몸을 던져 자결한 충신이었다.

이순신은 이억기와 함께 연합 함대를 조직하고 그 지휘를 맡았다. 여러 가지 면에서 충무공이 총사령관의 소임을 맡기에 충분했던 것이다.

"우리는 왜적을 한 명이라도 더 격멸해야 하오. 그러나 적을 얕보아서는 안 됩니다."

"당연하신 말씀이오."

이억기와 원균도 찬성했다. 어느새 날도 저물어 이 날은 판대목(충무시)에 이동하여 해상진을 치고 밤을 보냈다.

이튿날은 아침부터 안개가 끼어 한 치 앞을 내다볼 수 없을 정도였다. 해가 높이 떠오르자 안개가 서서히 걷혔다. 이순신은

"거제로 나아가라!"

하고 전 함대에 명령을 내렸다.

이 때 거제 사람 몇몇이 작은 배를 타고 와서 소식을 알려주었다.

"왜적들은 지금 당항포(고성군 회하면)에 머물러 있습니다."

이순신은 즉시 그들을 뱃길 안내인으로 삼아 당항포로 나아갔다. 당항포 가까이 이르러 보니 많은 군사가 포진하고 있는 모습이 발견되었다.

"저것이 어느 쪽 군사인지 곧 알아보고 오너라!"

이윽고 척후선이 함안 군수 유숭인과 함께 돌아왔다. 그 역시 왜적과 싸우기 위해 군사를 이끌고 이 곳까지 왔던 것이다.

"수고가 많소. 그런데 당항포로 판옥선이 들어갈 수 있겠소?"

이순신이 물었다.

왜냐 하면 이 당항포는 내륙 깊숙이 들어간 곳에 있었던 것이다. 게다가 병목처럼 좁은 물길을 지나게 되어 있으며 매우 복잡한 지형이었던 것이다.

"예, 거리는 10리가 좀 넘고 폭이 좁긴 하지만 판옥선은 들어갈 수 있습니다."

이순신은 이 말을 듣고 다시 척후선으로 하여금 자세히 살피고 오라고 말했다. 엄하면서도 꿋꿋하고, 세심한 데가 있는 이순신의 성격을 잘 나타내는 행동이다.

그러는 한편 이순신은 병목 입구 근처에 판옥선 4척을 매복시키고, 척후선의 정찰 보고를 받아 가면서 당항포 깊숙이 들어갔다. 그리고 만일에 대비하여 아군들로 하여금 병목 입구를 지키게 했다. 복병을 둔 것은 왜선의 도주와 구원을 막게 하기 위해서였다.

이순신의 함대는 뱀의 몸처럼 길게 일렬 진형을 만들며 넓은 강처럼 생긴 곳을 천천히 전진했다. 양쪽 육지의 산이 손에 잡힐 듯이 가까웠지만 간신히 배는 지날 수 있었다. 사실 이 곳은 강처럼 좁은 바다로서 길이가 약 8마일이고, 제일 좁은 곳은 0.2마일밖에 되지 않는다.

우리 함대는 소소강 북쪽 기슭에 이르자 왜적의 함대를 볼 수 있었다. 검게 칠한 큰 배 9척을 포함해서 모두 26척의 함대가 있었다.

왜적도 우리 함대를 발견하고, 3층 누각을 세운 큰 배를 중심으로 일제히 이쪽을 향해 조총을 쏘기 시작했다.

이순신은 공격 명령을 내림과 동시에 배를 학익진으로 만들어 양쪽 날개로 포위하는 진형을 짰다. 그리고 중앙부터 거북선을 돌진시켜 화통을 발사시키며 맹렬히 공격했다.

"승리는 우리의 것이다! 그러나 이번에는 적을 하나라도 살려보내선 안 된다. 이제까지 왜적은 싸움이 불리하면 배를 버리고 육지로 도망을 갔는데, 이번만은 그 방법을 쓰지 못하게 하라!"

이순신은 다음의 작전까지 지시했다. 이리하여 거북선과 우리의 함대들이 공격을 멈추고 슬그머니 물러나는 척하자, 왜선은 뒤를 쫓아 바깥 바다로 나오고 있었다.

그러자 우리 배가 일제히 왜선을 포위한 뒤 맹렬한 공격을 하자 왜장이 탄 배는 불길에 휩싸였고, 높은 누각에서 갑옷과 투구를 쓰고서 지휘하던 왜장이 불화살을 맞아 거꾸로 떨어졌다. 지휘관을 잃은 적군이 갑자기 당황하여 배를 버리고 육지로 달아나자 곧바로 우리 수군의 육전대가 상륙하여 그들을 추격했다.

이리하여 거의 모든 적병들을 베고, 왜선도 모조리 박살내거나 불태웠는데 1척만은 일부러 남겨 두었다. 그 1척을 이용하여 남은 왜군을 모조리 없애버릴 작정이었다.

아니나 다를까 이튿날 새벽, 살아 남은 왜적들이 1척의 배에 모두 타고서 도망치는데, 우리의 쾌선이 사방에서 나타나 긴 밧줄이 달린 쇠갈고리를 던져 적의 배를 포위해 버렸다. 그리고는 불화살을 쏘았다.

왜적들은 갑옷에 불이 붙자 스스로 바다에 뛰어들기도 했다. 이 밖에도 화살에 맞아 죽은 자, 우리 수군의 칼에 맞아 죽은 자 등 한 명도 남지 않고 모두 죽고 말았다.

마침내 우리 수군은 적에게 잡혀 있던 사람들을 무사히 구출했을 뿐만 아니라 무기도 많이 빼앗았다.

이순신은 이 해전을 보고하는 장계를 조정에 올렸는데, 그 내용에는 이런 구절이 있다.

지금까지의 해전에서 옥포는 빨간 깃발, 사천은 흰 깃발, 당포는 누런 깃발, 그리고 이번 당항포에선 검은 깃발을 왜적이 썼는데 이것은 각 전대를 식별하기 위함이었고, 그들의 분군기(연판장-서류)를 볼 때 철저한 준비 아래 침범했음을 알게 되었나이다.

아무튼 이순신이 이끄는 함대는 지금까지 패배만 거듭한 육전에 비해 승리를 거둠으로써 전 아군 병사들에게 큰 용기를 주었다.

이순신의 함대는 다시 영등포, 율포, 제포 일대를 수색하여 숨어 있던 적들을 다시 무찔렀다. 이제 왜적들은 이순신을 무서워하여,

우리 수군만 나타나면 도망치기 바빴다.

이제 바다에서 이순신의 함대와 맞설 상대가 없었기 때문에 한동안 왜선이 나타나지 않았다. 그러자 일단 구성했던 연합 함대를 해산한 이순신의 함대는 6월 10일 여수로 돌아왔다.

이번 출전에서 왜선 72척을 격파하고 수많은 적을 무찌른 큰 성과에 비해 우리 수군의 피해는 전사자 13명이라는 아주 적은 것이었다.

이순신은 전사자들의 장례를 성대히 치르도록 지시하고 부상자 치료에도 힘을 썼다. 또 경상도 쪽에서 피난 온 사람들이 있었는데 이들 구호에도 손길을 뻗쳤다.

한편 왜적들은 우리 나라를 기습 공격한 후 육지에서 계속 승리를 거두자 기세 등등했다. 그리하여 마치 아무도 없는 들판을 그냥 달리듯 5월 3일 서울 침입, 5월 27일 개성 점령, 6월 15일에는 평양을 점령했다.

이순신도 서울이 적의 손에 넘어갔다는 소식과 함께 임금의 파천을 뒤늦게서야 알고 탄식하며 통곡했다.

"아아, 이 불충을 어찌하면 좋단 말인가!"

그런데 왜적들은 평양에서 더 나아가지를 못했다. 우리의 의병들이 곳곳에서 일어나 왜적에 대항하기 시작했던 것이다.

경상도 의령에서 홍의 장군 곽재우가 1천여 명의 의병을 일으켜 4월 23일 의령의 정암 나루에서 적을 무찔렀다. 합천에서는 정인

홍, 고령에서는 김면이 의병장이 되어 험준한 산성을 지키며 적의 보급로를 끊고 유격전을 벌였다. 전라도에서는 전 동래 부사 고경명이 격문을 뿌려 6천 명의 의병을 모아서는 김천일과 더불어 금산 싸움에 참가했다.

충청도에서는 중봉 조헌이 의병을 일으켰고 경기도 수원에서는 홍계남이 아버지와 함께 군사를 모아 적과 싸웠다. 이 밖에 영천의 권응수, 창녕의 성천우, 순천의 강희열, 남원의 변사정 등이 각각 의병을 이끌고 왜적에 대항했다.

또 이정암이 황해도 연안에서 일어났고, 정문부가 함경도에서 의병을 일으켜 적을 무찔렀다. 이리하여 승승장구 앞을 달리던 왜적들은 주춤하게 된 것이다. 게다가 이순신이 이끄는 우리 수군의 해전 승리는 적의 4개 수군을 격멸함으로써 일본으로부터의 보급로를 끊어 왜적들의 사기를 떨어뜨린 것이다.

이리하여 왜적들의 진영에서는 육지에서의 전쟁에 참가했던 대장 가운데 수군에 능숙한 자를 뽑아 다시 진영을 가다듬고 우리 수군과 맞설 준비를 갖추었다.

한산 대첩

이순신은 우수사 이억기와 더불어 7월 6일 제3차 출전을 결심했다. 노량에서 원균의 함대 7척과 합류하여 이번에도 연합 함대 형식으로 지휘는 이순신이 맡았다.

연합 함대가 당포로 나아갔을 때 주민 김천손이라는 자로부터 중대한 정보를 얻었다.

"크고 작은 왜선 70여 척이 영등포에서 거제를 지나 지금 견내량에 머무르고 있습니다."

이순신은 견내량의 지형과 적의 움직임을 확인하기 위해 척후선을 내보냈다. 적선은 정확히 73척이었는데, 견내량은 공격하기에 불리한 지형이었다.

이순신은 이를 알고 즉각 작전 회의를 열고 전투 지침을 하달했다.
"견내량은 공격하기에 어려운 지역입니다. 왜냐 하면 적이 산을 등지고 있는 위치인 까닭에 자칫 불리해지면 적들은 틀림없이 육지에 올라 산으로 달아난 후 높은 곳에서 바다를 내려다보며 우리를 공격할 것입니다. 그러므로 가능한한 적을 꾀어 내어 한산도 앞바다에서 격전을 벌이는 것이 좋을 것 같습니다. 한산도는 거제와 고성 사이에 있어 혹시 육지에 오르더라도 달아날 곳이 없으므로 분명 아군이 승리할 것입니다."

이 때 왜적들도 척후선을 보내어 우리 수군을 탐색하고 있었다. 이 시기를 맞추어 이순신은 판옥선 5척을 보내어 적선과 대결하게 한 후 뱃머리를 돌려 전략적인 후퇴를 하게 했다.

아군의 계획을 눈치 못 챈 적들이 뒤쫓아오기 시작했다. 왜적은 당시 새로운 대장을 내세워 사기가 올랐고, 자기편이 수적으로 우세하다 생각하여 우리를 얕보았던 것이다.

적선이 한산도 앞바다까지 나오자 곳곳에 숨어 있던 우리 수군들은 기다렸다는 듯이 일제히 공격을 시작했다. 북을 울리고 함성을 지르며 순식간에 나타나자 적 함대는 매우 당황하는 듯했다.

이순신은 장대에 올라서서 외쳤다.

"적들이 당황하기 시작했다. 왜장을 잡아라!"

이리하여 우리 수군은 학익진의 두 날개를 서서히 좁히듯 포환과 불화살을 날리며 돌격전을 감행했다. 이 때 중위장 권준은 쾌선을 몰아 제일 먼저 적 함대로 돌입했고 적선에 기어올라 육박전을 벌였다.

이어 어영담, 김완, 배홍립 등도 돌격전을 감행하니 큰 배와 누각선에 있던 왜장이 먼저 거꾸러지더니 왜병들이 비명을 지르며 죽어 넘어졌다.

해전이 끝났을 때 73척의 왜선 가운데 겨우 14척만이 안골포와 김해 방면으로 도망쳤고, 겨우 살아남은 왜적들은 한산섬으로 달아났다. 이 날 우리는 적선 47척을 불살라 버리고 12척을 포획(전쟁 중 적군의 선박을 사로잡음)하는 대전과를 올렸다.

이 때까지는 적선을 부수거나 불질러 버렸으나 지금은 빼앗아 사용하는 전법을 썼다.

7월 9일, 우리 함대는 도망친 적을 찾아 가덕도 방면으로 나아갔다. 이 무렵 적의 또 다른 함대가 가덕도를 거쳐 안골포로 향하고 있었다. 해전에서는 먼저 적을 발견하는 편이 절대적으로 유리하다.

기록에는 나타나 있지 않지만 아마도 이순신은 척후선과 육상의 첩보망을 잘 이용했던 것 같다. 그렇지 않고서는 적의 기선을 제압하는 선제 공격이 어려웠으리라.

"왜선 42척이 지금 안골포에 머물고 있습니다. 그 가운데 큰 배는 21척인데 3층 누각배가 1척, 2층 누각배가 2척 있습니다."

척후선이 돌아와 이순신에게 보고를 했다.

그런데 안골포는 바다가 얕고 좁으며 썰물 때에는 갯벌이 드러나기 때문에 공격하기가 쉽지 않았다. 그래서 이순신은 적을 꾀어내려고 했으나 한산도 앞바다에서 한 번 크게 당한 경험이 있는 적들은 이 전술에 걸려 들지 않았다.

그래서 이순신은 빠른 쾌선 몇 척을 보내어 한 차례 적을 공격한 후 물러나오는 방법을 거듭하여 적들을 약오르게 하는 신경전을 벌였다. 마침내 성급한 왜적들은 이 작전에 걸려 들었다.

특히 해적 출신으로 성격이 잔인하고 성급한 왜장은 3층 누각선을 앞세우며 쫓아 나왔다.

병법에 적장을 잡으려면 그 말을 쏘라는 말이 있다. 이것은 적을 이기려면 주장을 없애라는 말과 통한다고 하겠다. 우리 수군은 모든 화력을 왜장의 누각선에 집중시켰다.

안골포 싸움은 아침부터 저녁까지 하루 종일 계속되었다. 치열한

격전이었지만 아군은 1척의 배도 잃지 않았으며 전사자도 19명 정도인 기적적인 대성과를 올렸다.

이에 반해 왜적들은 적장이 겨우 살아 도망쳤을 뿐 거의 모든 배를 잃었다. 크게 승리를 거둔 이순신의 함대는 7월 13일 여수로 돌아갔다.

이제 왜적들의 수군은 더 이상 전진을 못 하고 오직 방어에만 힘을 썼다.

한편 명나라 군사가 조선을 도우러 왔다. 먼저 5천 명의 군사를 이끌고 압록강을 건너온 명나라 장수 조승훈은 7월 19일 왜적들이 점령하고 있는 평양을 공격했으나 적의 수비가 강하여 그대로 물러서고 말았다.

처음에 우리 나라에 들어오면서

"적을 꼭 쳐부수겠다!"

고 장담을 했던 명나라 군사는 어이없는 패배에도 불구하고

"우리가 적을 많이 죽이기는 했으나 큰 비가 오는 바람에 적을 완전히 섬멸하지 못했다."

라는 핑계를 대고 요동으로 달아났다.

그 뒤 우리 나라의 별장 김응서가 평양을 다시 공격하여 적병 20여 명을 죽이는 전과를 올렸으나 성을 빼앗지는 못했다. 그런데 평양에 머물고 있던 왜적들은 방어만 할 뿐 나와 싸우려고 하지 않았다. 그 까닭은 남쪽의 이순신 함대가 그들의 보급로를 막은 바람에

더 이상 공격할 능력이 없었던 것이다.

이 무렵 우리의 의병과 군사들은 곳곳에서 적에 대항하여 크고 작은 성과를 거두고 있었다.

먼저 강원도 조방장 원호(1533~1593)가 여주 구미포에서 적을 전멸시켰고, 이천 부사 변응성이 북한강 마탄에서 안개 낀 틈을 이용하여 적을 많이 무찔렀다. 이리하여 강원도의 왜적은 서울과 연락이 끊어졌고, 이천과 여주의 두 고을 백성들은 그들의 칼날 아래서 벗어날 수 있었다.

또 경상도 영천에선 권응수와 정대임이 1천 명의 의병을 이끌고 영천 고을의 왜적을 공격하여 몰아냈다. 왜적은 수많은 전사자를 내고 경주로 달아났는데, 밀양 부사였던 박진이 경주를 공격했다.

당시 박진은 좌병사로 1만 명 남짓의 병력을 이끌고 있었다. 그런데 적이 반격하여 일단 안강까지 후퇴했다가 밤에 다시 성 밑으로 육박하여 비격진천뢰(이장손이 발명한 장거리포)를 사용하여 적병 30여 명을 한꺼번에 몰살시켰다. 적은 자기네들 조총만 믿고 있다가 비격진천뢰를 만나자 매우 당황했다. 그래서 이튿날 경주성을 내주고 서생포로 갔다.

이 무렵 왜적은 진주성을 공격했으나 의병들에게 패하고 말았다.

한편 이순신은 수군을 재정비하고 제4차 출전을 8월 24일로 정했다.

이번에는 전라도 수군이 모두 힘을 합하여 166척이나 되는 거대한 연합 함대가 되었다. 그리하여 마침내 8월 25일 사량에서 원균과 만난 연합 함대는 수군을 찾아 나섰다. 이번의 목표는 일본 본토와 이어지는 적들의 보급로를 완전히 끊는 데 있었다.

이 무렵 남해안 일대에서는 왜군이 자취를 감추었다. 그들은 이순신이란 이름만 들어도 겁을 내며 달아났던 것이다.

그들은 이순신의 함대가 나타나기만 하면 그대로 배를 버리고서 육지로 달아났다. 그래서 우리 수군들은 싸우지도 못 하고 적선만 불태운 채 돌아와야 했다.

이순신은 전 장령을 모아 다시 작전을 세웠다.

"부산포는 적의 중요한 보급 기지로 그들의 생명과도 다름없으므로, 반드시 이 곳은 공격해야 합니다."

그리하여 9월 1일 아군 함대는 부산포로 향했다. 바다의 파도가 높고 바람이 거세게 불어왔으나 이에 아랑곳하지 않고 이순신의 함대는 앞으로 나아갔다. 그리하여 화준구비에서 5척, 다대포에서 8척, 서평포에서 9척, 절영도에서 2척 등 적선을 발견하는 즉시 공격을 퍼부었다. 이 때마다 왜적은 번번이 배를 버리고 육지로 달아났다.

그런데 부산포에서 새로운 보고가 들어왔다.

"왜선 500여 척이 선창 동쪽 기슭에 줄지어 정박하고 있습니다."

이는 실로 놀라운 보고였다. 500척이란 말에 수군 병사들의 얼굴은 긴장과 흥분으로 달아올랐고 불안의 빛마저 감돌았다.

그러나 이순신이 침착하게 말했다.

"지금은 우리 수군이 위세를 크게 떨치고 있는데, 만약 지금 공격하지 않고 돌아간다면 적이 우리를 얕보며 비웃게 될 것입니다. 이 곳에서 싸우다 모두 목숨을 잃을지언정 끝까지 싸워야 합니다."

한편 부산포에 있는 왜적들은 이순신의 연합 함대가 오리라는 것을 짐작하고 그들 나름의 최선의 방법을 마련하고 있었다.

당시의 부산포와 지금의 부산은 지형이 다르다. 그 때는 좀더 내륙 깊숙이 들어가 있었고 적들은 그 안쪽에 있었다. 게다가 복잡한 지형의 산들이 갯벌을 둘러싸듯이 자리하고 있었다.

왜선들은 진을 치듯이 부산포 동쪽 벼랑 아래 바짝 붙어 세 군데로 나눈 채 정박해 있었다. 육지를 등지고 싸울 태세를 갖춘 것처럼 보였다.

우리 수군이 부산포 만 내로 들어서자 곧 세 곳으로 나누어 진치고 있는 왜선들을 발견할 수 있었다.

그런데 무언가 이상한 느낌이 들었다. 왜선이 우리 함대를 보고서도 공격하지 않은 것이었다.

겨우 4척만이 돌진해 오는 척하더니 이내 자기들 함대로 도망쳐 갔다.

'이상하군. 아무래도 이상해!'

이런 생각을 막 떠올린 순간, 별안간 귀청을 째는 포성이 만 내에

울려 퍼졌다.

그 소리는 적선 등 뒤의 산 중턱에서 날아온 포탄의 소리였다. 왜적들은 산의 6군데에 진지를 마련하고 거기서 포를 쏘아댄 것이다.

이 때 포환 하나가 녹도 만호 정운이 탄 거북선 안으로 굴러 떨어졌다.

정운은 이순신이 가장 신임하는 장수로 맹활약을 하고 있었다. 거북선을 맞춘 포환 덩어리는 좁은 거북선 안을 무섭게 구르며 정운을 비롯한 몇 명의 우리 군사를 순식간에 죽음으로 몰고 갔다.

이순신은 고개를 갸웃했다. 왜적들에게는 대포가 없는 것으로 알고 있었기 때문이다. 물론 그들에게도 대동이란 것이 있었으나 그 위력은 보잘것없었다.

나중에서야 알게 된 일이지만, 그것은 우리 경상도 수군이 가지고 있던 대포를 그들이 빼앗아 사용한 것이었다.

이순신은 침착하게 행동하며 잠시 그 자리를 피하여 해가 지고 어두워지기를 기다렸다. 그리하여 산등성이의 적들을 공격하기 위한 육전대를 상륙시켰다.

이윽고 공격의 시간이 되었다.

"돌격!"

이순신은 북을 힘껏 울리게 했다. 그러자 정운의 원수를 갚기나 하듯 아군의 함대들이 돌진했다. 다시 거북선이 활약하기 시작했다. 거북선 뱃머리에는 날카로운 뿔 같은 것이 달려 있어 그것으로

들이받으면 상대편 배의 옆구리에 구멍이 뚫려 물이 쏟아져 들어갔다. 그뿐 아니라 거북선에서는 사방 어디서나 마음대로 포를 발사할 수 있게 되어 있었다.

이 때 우리 함대는 적선 100여 척을 격파했다. 그러나 정운을 잃은 이순신의 마음은 어둡기만 했다.

한편 요동으로 달아난 명군은 한참 동안 소식이 없다가 12월이 되자, 이여송을 대장으로 하여 4만 명의 군대를 출동시켰다. 그리하여 계사년(1593) 1월 2일 명군과 아군 병사들은 합세하여 평양성을 공격했다.

우리측에서는 김응서와 서산 대사, 송운 대사가 이끄는 승병도 참가했다. 이리하여 평양이 수복되었고 이어 개성도 수복되었다. 왜적들은 한번 무너지기 시작하자 도망치기에 바빴다. 이여송은 기병을 시켜 도망치는 왜적을 추격했고 어느덧 자만심이 생기게 되었다. 서울에 있던 왜적들은 평양과 개성이 수복되었다는 소문을 듣자 근처의 병력을 모두 집결시켰다. 그 수는 5, 6만 명이나 되었다.

1월 24일, 왜군은 서울에 남아 있던 우리 백성을 학살하고 궁전에 불을 질렀다. 그리고 벽제까지 나와 결전을 하려 했다.

이 때 권율 장군은 병사들을 이끌고 행주 산성에 머무르면서 명군이 오는 대로 함께 서울을 수복할 계획을 갖고 있었다. 그러나 서울을 향해 오던 명나라 기병은 벽제 남쪽인 여석 고개에서 왜적들

의 복병을 만나 패하자 그대로 다시 임진강 건너로 달아나 버리고 말았다.

그리하여 벽제에서 명군에게 승리를 거둔 왜적들은 행주 산성으로 몰려들어 아군과 적군간의 치열한 공방전이 벌어졌다. 그러나 권율 장군과 병사들의 거센 저항에 적들은 그냥 물러가고 말았다.

이 때 이순신은 새로이 군사들을 뽑아 훈련에 힘을 쏟고 있었다. 이들을 훈련시켜 도탄, 두치, 석주, 운봉, 팔양재 등에 보내어 육상에서의 적의 침입을 대비하기 위해서였다.

그는 또 거북선 제조와 소총 제조에도 힘을 기울였다.

처음 이순신이 좌수사가 되었을 무렵에는 나대용의 협력을 얻어 거북선을 3척 건조했다. 그런데 몇 번 전투를 치르고 나서 거북선의 대량 건조와 개량이 필요하다고 느꼈다. 그리하여 새로운 서북선이 완성되었는데 뱃머리에 용을 단 것은 전과 같았다.

전투할 때에는 이 용머리 안에 작은 몸집의 포수가 하나 들어가 포를 쏘든가 소총을 쏠 수 있도록 되어 있었다.

그리고 거북선에는 총구멍이 모두 72개나 나 있으며, 배 안은 2층 구조로 되어 있었다. 아래쪽엔 좌우 6개씩의 방이 있는데 거기에 포탄과 화약 등 전투 용품이 저장되어 있었다.

뱃전 쪽에는 노가 있는데 노 하나에 두 사람씩 좌우 각각 10개의 노가 있어, 노젓는 군사만 40명이 된다.

거북 등에는 좁은 십자 길을 빼놓고는 모조리 뾰족한 못을 박아 그 위로 적들이 감히 올라서지 못하도록 해 두었다. 갑판 전체에 얇은 철판을 덮은 뒤 1200개의 송곳을 심어 두었던 것이다.

거북선의 기를 정기라 하는데, 한자로 '거북'이니 '하늘', '바다' 따위의 글자가 쓰여 있었다. 이것은 거북선을 대량으로 만들어 각각 구별하기 위해서였다.

또 거북선엔 각종 포가 있었다. 모두 청동제의 포로서 천자포는 구경(총 구멍)이 약 16센티미터 현자포는 구경이 약 12센티미터였다. 이와 같은 거북선이 새로이 12척이나 만들어 지고 있었다.

이순신은 또 왜적의 조총에 관심을 가졌다. 그리하여 노획한 조총을 나대용에게 주며

"이것과 비슷한 총을 만들라!"

하고 했다. 나대용은 많은 연구를 했지만, 시간이 촉박하여 조총을 만들지 못했다. 다만 조총보다 성능이 조금 떨어지는 승자총이라는 것을 만들었다.

이즈음 조정에서는 출전 명령을 내렸다.

이순신은 제5차 출전을 2월 2일로 정했으나, 날씨가 좋지 않아 2월 6일 출동하여 웅포(창원군 웅천면) 앞바다에 이르렀다.

당시 남해안의 왜적들은 성을 쌓고 그 안에 머물러 있으면서 감히 나오지를 않았다. 이순신은 이들을 꾀어 내려고 갖은 방법을 썼다. 그러나 왜적도 이제는 매우 조심하면서 속지 않았다. 그래서 겨우 적선 10여 척을 격파하고 왜병 100여 명을 사살하는 데 그쳤다.

이순신은 밖으로 나오지 않는 적을 어떡하면 끌어낼까 생각했다. 견고한 성에 틀어박혀 있는 왜적을 무찌르자면 육군과의 협력이 필요한데 이순신으로선 그것을 할 수 없었다. 더욱이 경상 우수사 원균과의 불화도 문제였다.

이리하여 이순신은 4월 3일 일단 여수로 돌아왔다. 그리고 다시 군사 훈련과 거북선을 만드는 것에 박차를 가했다.

제5부
성웅 이순신

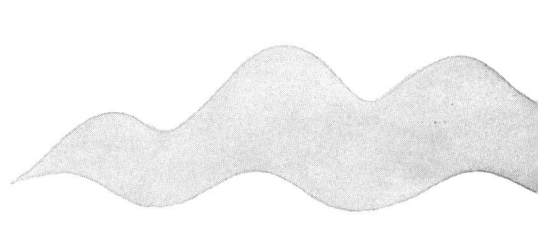

화의

처음에 왜국이 임진 왜란을 일으켰을 때 왜장으로 고니시 유키나가와 가토 기요마사 두 명이 선봉 대장을 맡았다. 그런데 이 두 사람은 성격이 정반대였을 뿐 아니라 개와 원숭이처럼 서로 사이가 좋지 않았다.

가토 기요마사는 도요토미 히데요시의 먼 친척 뻘이고 배운 것이 없는 난폭자였다. 반면 고니시 유키나가는 약방에서 심부름하던 점원 출신으로 지혜가 있고 학문도 높았다. 게다가 그는 포르투갈 인을 통해 천주교를 믿고 있었다.

임진년 4월 부산포에 맨 먼저 상륙한 고니시 유키나가와 대마도 도주 종의지는 부산진 첨절제사인 정발과 만났다.

"우리는 명나라로 갈 길을 빌리고 싶소. 허락만 해 준다면, 우리는 규율을 지키며 지나는 곳에서는 쌀 한 톨도 훔치지 않겠소."

고니시 유키나가의 말에 정보는 다음과 같이 대답했다.

"비록 길만 빌려 준다 하더라도 왕명이 있어야 하니 기다리시오."

그런데 왜적들은 기다리지 못하고 싸움을 벌여 결국 정발을 비롯하여 우리의 군사와 주민 1천여 명이 죽음을 당했다.

동래성에서도 고니시 유키나가는 교섭을 해 왔다. 그는 부하를 시켜 성문 앞에 푯말을 세웠다.

"싸우겠다면 싸우고, 싸우지 않으려면 우리에게 길을 빌려 주어라!"

그러자 동래 부사 송상현이 널빤지에 글을 써서 던졌다.

"죽는 것은 쉽지만 길 빌려 주긴 어렵노라!"

그래서 고니시 유키나가는 다시 싸움을 일으켰다.

한편 가토 기요마사는 제2군으로서 조선에 상륙하자마자 경주를 향해 나아갔다. 그런데 이 길에서는 저항다운 저항이 거의 없었다. 아군 장수와 병사들이 미리 겁을 먹고 달아났기 때문이다.

가토 기요마사는 경주에 이르자 불국사에 불을 질렀다. 그리고 그는 지나는 곳마다 화공, 도공, 직공, 세공사, 목수 따위의 장인을 잡아 왜국으로 보냈다. 당시 왜국은 문화 수순이 우리보다 낮아 어떡하든 우리 문화를 흡수하고 싶었기 때문이다.

가토 기요마사는 문경새재로 향했다. 이 때 고니시 유키나가의 제1군은 이미 문경새재를 넘어 충주에서 신입의 군을 깨뜨리고 있었다.

당시 고니시 유키나가는 경응순이라는 우리 군사를 포로로 잡았다가 그가 왜국어를 어느 정도 한다는 것을 알고 그를 풀어 주어 서울로 보냈다. 우리 나라와 화평을 원한다는 내용의 편지를 들려 보낸 것이다.

한편 가토 기요마사는 초조했다. 그가 경멸하는 고니시 유키나가

에게 번번이 선수를 빼앗기고 있었기 때문이다. 그래서 마음속으로
'한양 점령만은 내가 먼저 하리라.'
하고 생각하고 고니시 유키나가에게 따졌다.
"당신은 종의지가 참모로 있고 이 나라 지리에 밝아 이제껏 앞에서 달려왔는데, 이것은 애당초 하루 교대로 선봉을 맡는다는 약속과 어긋나지 않소!"
그러자 고니시 유키나가는
"좋소, 그렇다면 한양까지 길이 둘 있는데 어느 쪽이든 당신이 먼저 택하시오."
하고 양보를 했다.

충주에서 한양에 이르자면 죽산, 용인을 지나 남대문으로 이르는 길이 있는데 이 길은 가깝지만 한강이 가로막고 있다. 또 한 길은 여주에서 북한강을 건너 양근을 거쳐 동대문에 이르는데 이 길은 좀 멀리 돌기는 하지만 비교적 험한 산악이나 큰 강이 없기 때문에 진격이 쉽다.

"그야 물론 가까운 길이지."

난폭하고 단순한 가토 기요마사는 이렇게 말했다. 그리고는 하루 앞서 떠났다. 고니시 유키나가는 조선군 포로 중에서 지리에 밝은 자를 뽑아 가토 기요마사보다 앞서가서 한강에 있는 배를 모두 없애라고 명했다.

그리고 고니시 유키나가는 울산 군수로서 왜군에게 붙잡힌 이언

성에게 조정에 보내는 화평 요구의 편지를 주었다. 그런데 이언성은 서울에 가서 왜적의 움직임은 보고했지만, 고니시 유키나가의 편지는 내놓지 않았다. 적과 내통했다는 혐의를 받을까 겁났기 때문이다.

그 후 고니시 유키나가는 조정에서 연락이 없자 다시 경응순을 통해 편지를 조정에 전달했다. 그 편지엔 이렇게 씌어 있었다.

울산 군수 이언성에게 중요 문서를 주어 보냈는데 이제껏 회답이 없음은 무슨 일이오? 만일 귀국에서 화평할 뜻이 있다면 이덕형을 보내시오.

고니시 유키나가가 이덕형을 조선국 사신으로 지명한 것은 종의자가 조선에 드나들면서 그의 얼굴을 알게 된 까닭이었다.

그리하여 조정에선 이덕형으로 하여금 교섭을 하도록 명했다. 이덕형은 경응순을 길 안내로 하여 떠났다. 그런데 이들이 길을 잘못 잡아 가토 기요마사의 군사에게 잡히고 말았다. 가토 기요마사는

"강화라고! 말도 안 된다."

하고 경응순을 죽였다. 이덕형만 간신히 돌아왔다.

서울을 함락한 왜군은 한동안 조용히 지내고 있었다. 이 때가 우리 나라로서는 숨돌릴 수 있는 시간이 되었다.

서울에 모인 왜장들은 제비를 뽑아 쳐들어갈 방향을 정했다. 이

리하여 고니시 유키나가는 평안도, 가토 기요마사는 함경도를 맡고 그 밖의 사람들은 강원도, 경기도, 충청도 따위를 맡았다.

서울을 떠나 피난 길에 오른 선조 일행은 비참하기 이를 데 없었다. 게다가 먹을 식량조차 넉넉지 못해 어려움을 겪었다. 그래서 개성에 이르자 선조는 대대적인 인사 개혁을 했다.

영의정 이산해, 좌의정 유성룡 등을 파면하고 새로이 최흥원, 윤두수, 유홍을 정승에 임명한 것이다.

그리고 한편으로 명나라에 구원을 청했는데 명나라의 태도는 매우 쌀쌀맞았다.

한편 임진강에 도달한 고니시 유키나가는 잠시 머뭇거렸다.

그는 화평의 희망을 갖고 있었던 것이다. 그러나 조선에서는 그것을 원하지 않았다. 도원수 김명원의 반대에도 불구하고 한응인, 신할 등이 강 건너 왜적을 기습했다. 왜적들은 잠시 허둥거렸으나 금방 조총의 위력을 발휘하여 신할과 유극량 등이 목숨을 잃었다. 고니시 유키나가는 임진강을 건너 개성을 점령했다.

한편, 함경도로 나아가 6월 18일 안변에 이른 가토 기요마사는 귀중한 정보를 얻었다. 조선국의 왕자 임해군과 순화군이 안변을 떠나 북으로 갔다는 소식을 접한 것이다.

"조선의 왕자를 사로잡으면 내 공이 된다."

가토 기요마사는 왕자들을 잡기 위해 곧장 북으로 올라갔다. 두 왕자는 마침내 회령까지 쫓기었으나 이 때 회령에 있던 국경인 이란 자의 손에 잡혀 가토 기요마사에게 넘겨졌다.

8월 하순 가토 기요마사는 안변으로 내려오면서 길주부터 안변까지 500명에서 1,500명까지의 소부대를 남겨 두고 좀더 따뜻한 남쪽까지 내려온 것이다.

당시 왜적들은 추위에 떨고 있었는데 식량마저 보급이 되지 않아 이만저만 고생이 아니었다. 이것은 이순신의 함대가 남해에서 계속 왜군을 무찌르는 바람에 일본에서 오는 보급선이 막혔기 때문이었다.

식량 부족의 고통은 고니시 유키나가도 마찬가지였다. 그는 모두 18,000명의 병력을 이끌고 겨우 대동강까지 이르렀지만 매우 지쳐 있었다. 굶주리는 가운데 병자가 자꾸 생겼다.

고니시 유키나가는 여기서 또다시 강화 조건을 내놓아 이덕형과 왜국의 대표가 만났다. 왜국 대표가 말했다.

"우리는 귀국의 길만 빌려 명나라로 가려 하는 것인데 조선은 왜 우리를 가로막는 것이오?"

이덕형이 반박했다.

"그대의 말대로 명나라만 침범하려는 것이라면, 어째서 바닷길로 가지 않는 것이오? 당신들 행동은 아무리 보아도 우리 나라를 멸망시키려 한다고 볼 수밖에 없소. 따라서 진정으로 화평을 원한다면 먼저 당신들 군대부터 철수하는 게 순서일 것이오."

이리하여 이 회담은 깨어졌다.

이 때 평양성은 윤두수, 김명원, 이원익 등이 지키고 있었는데 어느 날 밤에 김명원이 대동강을 살그머니 건너가 적을 습격했다. 우리 군사가 야습한 곳은 종의지의 진으로 그들은 거의 전멸되었다. 캄캄한 밤에는 조총을 사용하기가 쉽지 않기 때문이었다.

이 때 고니시 유키나가의 지원 부대가 도착하자 아군은 후퇴하게 되었는데 사공들이 왜적을 무서워하며 배를 가까이 대지 않는 바람에 1천 명의 아군 가운데 반은 죽고 나머지 반은 상류로 도망쳐 그 곳에서 강을 건넜다. 그 곳은 강물의 깊이가 무릎밖에 차지 않는 곳으로 그 때까지 강을 건너지 못해 우리를 공격하지 못했던 왜군에게 본의 아니게 강을 건널 수 있는 지점을 가르쳐 준 셈이 되었다.

윤두수는 이 보고를 받자

"아아, 평양성도 이제 끝이다."

하고 무기 따위를 연못에 던져 버린 후 북으로 달아났다. 이리하여 고니시 유키나가의 부대는 쉽사리 평양에 들어왔다. 그들은 곳간마다 식량이 산더미처럼 쌓여 있는 모습을 보고 매우 기뻐했다.

의주로 파천한 선조는 거의 절망 상태에 빠져

"짐이 스스로 요동에 가서 명나라 구원을 청하겠다. 그리고 세자 광해군을 섭정(임금이 직접 다스릴 수 없을 때에 임금을 대신하여 나라를 다스리는 것)으로 하여 이 곳에 남길 작정이다."

하고 결심했다.

선조가 스스로 명나라 볼모가 되어 나라 멸망의 위기를 구하겠다는 것이다. 그러자 당시 다시 복직되어 있던 유성룡이 강력하게 반대했다.

"안 됩니다. 전하의 수레가 이 땅에서 한 걸음이라도 떠나게 되면 그 때부터 조선은 우리 것이 아닙니다!"

이리하여 이덕형이 명나라에 사신으로 갔는데, 실로 위기의 순간이었다. 명나라에선 조선을 오해하고 있었던 것이다. 다행히 명나라 병무상서 석성의 도움으로 그 오해는 풀리게 되었고 명나라 조정에서는 조승훈에게 군사 5천 명을 주어 조선을 도우라고 명했다. 그러나 앞에서 말했듯이 조승훈은 평양을 공격했다가 뜻대로 되지 않자 요동으로 달아나 버렸다.

그 후 명나라에서는 강화사로 심유경을 다시 조선에 보냈다. 그는 유성룡을 만나자 큰소리쳤다.

"나 혼자 가서 평양성의 고니시 유키나가를 만나겠소. 그리고 화의를 이루게 하리다. 도요토미 히데요시나 종의지나 옛날부터 잘 아는 사이니까 잘 될 것이오."

작달막한 키에 나이가 들어 보이는 심유경이 유성룡으로서는 탐탁지 않았으나 어쩔 수 없었다. 다만

"잘 부탁합니다."

하고 고개 숙일 뿐이었다.

심유경과 고니시 유키나가는 임진년 9월 1일 약간의 수행원을 데리고서 만났다. 심유경은 대뜸 협박하듯이 말했다.

"그대들은 어떤 이유로 평양을 점령하고 있소? 조선은 우리 명나라의 형제국이오. 명으로선 형제국 조선의 멸망을 가엾이 여기어 구원할 뿐이오……."

그리고 이미 병력 100만 명이 요동에서 대기중이라고 거짓말을 했다.

고니시 유키나가는 자기네들의 목적이 명나라와 무역을 하는 것이지 다른 뜻은 없다고 강조했다. 그러자 심유경은

"단지 그런 조건이라면 우리 천자님도 승낙하시지 않을 리 없소. 휴전 기간으로 50일 동안의 말미를 주시오. 내가 돌아갔다가 좋은 소식을 가져올 테니……."

하고 호언장담했다.

고니시 유키나가는 매우 만족해 하며 평양성 밖 부산원 고개에 푯말을 세웠다. 그 푯말에는 다음과 같이 씌어 있었다.

이제부터 한동안 왜군은 평양의 서북 10리를 나오지 못하고 조선 사람 또한 10리 안에 들어가지 못한다.

심유경이 명나라로 돌아가자 고니시 유키나가는 10월 20일까지, 심유경이 약속한 대로 좋은 소식을 갖고 돌아오기만을 기다렸다.

이윽고 10월 20일이 되었으나 심유경은 나타나지 않았다. 이 때 평양에는 식량이 떨어지고 병자가 점점 늘어나 병력이 약 8,000명

으로 줄어 있었다. 그럭저럭 시간은 자꾸 흘러갔고 마침내 11월 26일이 되어서야 심유경이 나타났다. 그는 그 동안 명나라 군사 4만 명을 동원하기 위해 필요한 시간을 벌려고 했던 것이다.

고니시 유키나가는 심유경에게 따지고 들었으나 이미 때는 늦었다. 왜적들은 굶주림과 병마에 지쳐 거의 싸울 힘마저도 없었다.

고니시 유키나가는 자기들의 조건을 대폭 양보했다.

만일 명나라와의 교역이 허락된다면, 평양을 조선에 반환할 것이며, 조선 반도 남쪽의 점령 지역도 일정 기간이 지나면 물러나겠다는 것이었다.

그러나 심유경은 이러한 조건에도 선뜻 응하지 않았다.

심유경에게는 명나라 군사가 한 번 출동했다 하면 왜적을 단숨에 몰아내고 조선 전역을 차지할 수 있을 것이라는 계산이 있었던 것이다.

그리고 마침내 12월 25일 이여송이 이끄는 명나라 군사가 압록강을 건너자 마자 곧바로 평양성을 공격하자 왜적들은 견디지를 못하고 도망을 쳤다. 고니시 유키나가도 간신히 몸을 피했다.

일본측 기록에 의하면 고니시 유키나가는 1월 21일 서울에 이르렀는데, 남은 그의 병력이 겨우 6,600여 명이었다고 한다.

삼도 수군 통제사

4월 20일 명나라 군사의 도움으로 서울을 되찾았다.

이와 때를 맞추어 이순신에게도 출격 명령이 내려졌다. 이리하여 5월 7일 제6차 출전의 날이 왔다.

당시 전라 좌·우수영에는 모두 202척의 배가 있었는데 그 가운데 거북선이 14척이나 되었다. 그 위용은 참으로 늠름했다. 그리고 원균도 2척의 전선을 거느리고 와서 합류했다.

이 때 이순신은 왜적들이 쌓고 있는 성을 보고 있자니 분격이 치밀었다.

'왜적이 성까지 쌓는 것은 이 땅에 오래오래 있겠다는 속셈이 아닐까?'

그런 불길한 생각마저 들었다. 게다가 순신이 듣기에 심유경이라는 자가 왜적들과 교섭을 벌이고 있다니 그것은 말도 안 되는 것이었다. 정작 싸움은 조선 땅에서 벌어졌건만 그 당사자는 나서지도 못 하고 명나라와 왜국간에 교섭이라니 어처구니가 없는 일이었다.

'혹시 명나라와 왜적이 한통속으로 무슨 음모를 꾸미고 있는 것이 아닐까?'

이순신이 이런 생각을 가지게 된 데에는 그만한 이유가 있었다.

이순신은 그즈음 부산포를 공격할 생각을 가지고 있었는데, 경솔히 공격하지 말라는 조정의 명령이 내려진 것이다.

출격 명령을 내린 지 얼마 지나지 않아 갑자기 작전이 바뀐 것이 이상했다.

두 번째로 마음에 걸리는 것은 경상 우수사 원균의 태도였는데 그는 이순신에게 매우 비협조적이었다. 이순신은 원균에게 정중하게 선배 대접을 해 주건만 그는 사사건건 트집을 잡아 병사들에게 미움을 받고 있었다.

사실 원균은, 처음에 이순신에게 구원을 청했던 일을 수치스럽게 생각하고 있었다.

'내가 체면마저 버리고 이영남을 몇 번씩 보내어 도와 달라고 했건만 이순신은 선뜻 내답을 하지 않았잖은가?'

원균은 그 때의 앙심을 갖고 있었다. 그러나 그것은 원균의 오해였다.

이순신이 선뜻 응하지 않은 이유는 수군 출동 태세가 미처 갖추어져 있지 않았기 때문이었다. 출동 태세가 갖추어지지 않은 채 출동했다가 혹시 패하기라도 한다면 그야말로 수군의 기세마저 꺾이고 마는 것이다.

또 관할 구역 밖으로 함부로 출격할 수 없는 규정도 있었다. 그런 점을 구원 요청을 하러 온 이영남에게 잘 설명해 주었건만 원균은 이영남의 보고를 받자 몸을 떨며 격분했다.

원균은 그 때의 원한을 언제나 잊지 않고 있는 것이었다.
충무공의 ≪난중일기≫에 보면 이런 구절이 있다.

우수사(이억기) 배로 옮겨 선전관과 이야기하며 술을 마셨다. 그 때 경상 우수사 원균이 와서 술주정을 부리니 배의 모든 장수들이 분개했다. 그 고약스러움은 말할 것이 못 된다.
아침에 적을 토벌할 일로 공문을 만들어서 보냈더니 원균이 술이 취해 정신이 없다고 한다.

이런 상황에서도 이순신은 왜적 토벌에 대해 더욱더 효과적인 방법을 모색했다. 그 예로 한산도에 전진 기지를 두어야겠다는 생각을 했다. 그 이유는 수군은 보급과 휴식을 위해 일정한 기간이 지나면 본 거점으로 돌아가야 하는데 전라 좌수영(여수)이나 우수영(해남)까지 왔다갔다하려면 시간이 많이 걸린다. 그런데 전진 기지를 만들어 두면 굳이 여수로 돌아갔다 오지 않아도 되기 때문에 전진 기지 장소를 한산도로 정했다.
이즈음 이순신은 전라 좌수사 겸 삼도 수군통제사가 되었다. 계사년 8월 1일로 순신은 49살이 되었다.
이 무렵 이순신은 그 유명한 시를 지었다.

한산섬 달 밝은 밤에 수루에 혼자 앉아

큰 칼을 옆에 차고 깊은 시름하는 적에
어디서 일성 호가는 나의 애를 끊나니.

그것은 새로이 중책을 맡아 여러 가지 말 못할 걱정을 가지고 있던 이순신의 마음 깊은 데서 우러나는 애국의 소리였다.

이보다 앞서, 행주산성에서 권율에게 패한 왜적들은 명나라 장수 이여송에게 화의를 청했다. 이여송도 싸움에 지쳐 있었기 때문에 선뜻 화의에 응했고 다음과 같은 조건을 내걸었다.

① 일본은 조선의 두 왕자를 돌려보낼 것
② 일본은 점령한 지역을 조선에 돌려 주고 부산까지 철수할 것

왜장들이 이 조건에 응하여 전쟁은 한동안 끝이 났다. 마침내 4월 19일 왜적들은 서울의 곳곳에 불을 지르고 후퇴하기 시작했다.

이보다 앞서 화의 교섭이 이루어지고 있을 때, 도요토미 히데요시는 부산에 있는 가토 기요마사에게 비밀 명령을 전했다. 그것은 부산까지 철수하는 것은 좋으나 그 도중에 진주성을 공격하라는 것이었다. 진주성은 적의 맹렬한 공격을 받았으나 끝끝내 함락되지 않은 곳으로 왜군들의 명예를 위해서라도 진주성을 함락시켜야 한다는 것이었다.

이리하여 6월 25일 제2차 진주성 공격이 시작되었다. 진주성 싸움은 6일 동안 계속되었는데, 이 싸움에서 충청 병사 황진, 경상 우병사 최경회, 진주 목사 서예원, 창의사 김천일, 의병장 고종후 등

과 우리 백성 6만여 명이 목숨을 잃었다. 논개가 적장을 끌어안고 남강에 몸을 던진 것도 이 때의 일이다.

한편 이순신은 통제사가 되면서 나라 일에 더욱 바빴다. 운주당을 만들어 군사 누구라도 의견이나 정보를 통제사에게 자유로이 말할 수 있도록 했고, 의견이나 정보 가운데 쓸 만한 게 있으면 서슴지 않고 작전이나 행정에 반영시켰다.

또 한편 병사들의 식량 자급을 위해 둔전을 장려했다. 게다가 굶주림에 고생하는 백성들을 위해 상부에 보고한 후, 군민 합동의 둔전 개척을 추진했다.

신이 보건대 전쟁으로 난민들이 살 곳을 잃고, 또 목숨을 이어갈 방도가 없으니 보기에 비참합니다. 그러니 이들을 섬에 불러들여 군사와 함께 농사를 짓도록 하고 추수를 절반씩 나누어 갖게 한다면 관민이 다 좋을 것입니다.

이 건의는 받아들여졌고 많은 난민들이 이순신의 보호 아래 생활 터전을 얻었다.

군비 강화에도 게을리 하지 않았다. 이미 나대용의 도움으로 승자총을 얻었으나 좀더 개량된 소총 개발을 해야만 했다. 승자총은 총신이 짧고 총구멍이 얕은 결점이 있어 조총보다 못했던 것이다.

그리하여 낙안 군수 이필종, 그리고 안성, 동지, 언복과 같은 대장장이를 시켜 성능이 보다 우수한 정철 총통을 개발했다. 또 총통 제작에 필요한 쇠와 화약의 원료가 되는 유황도 구했다. 이순신은 식량의 자급뿐 아니라 무기의 자급도 꾀했던 것이다.

이 밖에 병선도 꾸준히 건조되었는데 이 해(계사년)말 현재 삼도의 병선은 모두 250여 척에 이르렀다.

모략

이순신은 통제사로 자주 관할 구역을 순시했다. 그리고 명령 계통과 군기 확립에 힘을 썼다.

명령 계통 확립으로써 수군과 육군의 구별을 명확히 했다. 병사가 멋대로 통문 따위를 발행하여 수군 군사를 뽑아 가는 일을 못 하게 막은 것이다.

또 당시에 우리 나라에 와 있는 명나라 군사에게 식량 보급을 우리가 해 줘야 했는데, 그들은 부당한 요구를 하는 일이 많았다. 그러나 이순신은 사사로운 부탁은 단호히 거절했다. 명나라 장수는 우리측 장수에게 거드름을 피웠지만, 이순신에게만은 위엄에 눌려 감히 허튼 수작을 못 했다.

이순신은 군사들 사기에도 세심한 배려를 아끼지 않았는데 마침 과거가 머지않아 실시된다는 것을 알았다. 과거는 감영 소재지에서 치르는 소과와 한양에서 치르는 대과가 있다.
 이순신은 상부에 이렇게 건의했다.

 이번에 전주에서 과거가 있다 하는데……, 수군은 물길이 멀어 기일 내에 도착하기 어려울 뿐 아니라 적과 맞서고 있습니다. 그러므로 수군에 소속된 군사는 진중에서 시험을 보도록 해 주십시오. 또 좁은 섬 안에 있는 관계로 승마술이 서투르니 편전(전통으로 불화살을 쏘는 것) 쏘기로 과목을 대신하면 좋겠습니다.

 이리하여 갑오년(1594) 4월 6일 진중에서 과거 시험이 치러졌다. 100여 명의 합격자를 새로 뽑아 군사들의 사기를 높인 것이다.
 그런데 이 해에 큰 흉년이 들어 굶어죽는 사람이 많았는데 큰 전쟁이 휩쓸고 지나가니 농토가 황폐되어 농사를 지을 땅이 없었던 것이다. 게다가 엎친 데 덮친 격으로 전염병이 크게 유행했다.
 이순신의 병영에선 둔전으로 식량을 자급하고 있었으므로 간신히 큰 굶주림을 면할 수 있었으나 전염병은 어쩔 도리가 없었다. 할 수 없이 이순신은 '위령제'를 지내면서 죽은 자들의 넋을 달랬다.
 그즈음 이순신에게는 한 가지 고민이 있었다. 늙으신 어머니를 가까이에서 모시지 못하는 불효를 항상 가슴 아파하고 있었다.
 어머니 변씨는 아산에서 지내고 있었는데 전쟁중이라 어머니를 자주 뵙지 못했던 것이다. 그리하여 이순신은 체찰사인 이원익에게 휴가를 청하는 편지를 보냈다.

　　저는 본디 부족한 사람으로 무거운 소임을 욕되이 맡아, 소홀히 해서는 안 되는 책임이 있는 줄을 잘 알고 있으나 부질없이 어머니의 정이 그리워 이 글을 올립니다.
　　내가 늦도록 돌아오지 않으면 어머니는 문 밖에 서서 기다리셨습니다. 그 어머니를 벌써 3년째나 뵙지 못했습니다. 얼마 전 하인 편에 글을 보내셨는데 "늙은 몸에 병마저 생겨 앞날이 얼마나 될지 예측할 수 없구나. 죽기 전에 네 얼굴 한 번 보고 싶다." 하셨습니다. 남이 들어도 눈물이 날 말씀이거늘, 하물며 그 어머니의 자식이야 어떠하겠습니까!
　　제가 지난날 건원보 권관으로 있을 적에 선친이 돌아가셔서 천 리를 분상(상제가 되어 달려옴)한 일이 있지만, 살아계실 때 약 한 첩 달여 드리지 못하고 영결조차 못하여 늘 가슴의 한으로 남아 있습니다.
　　이제 어머니께서도 연세가 많으셔서 해가 서산에 기울어져 있는 듯한데, 이러다가 만일 하루아침에 다시 모실 수 없는 슬픔을 만나는 날이 오면, 이는 제가 또 한 번 불효자가 될 뿐 아니라 어머님께서도 눈을 감지 못하실 것입니다.

늙은 어머니를 보기 위해 휴가를 청하는 이순신의 눈물겨운 편지는 아무 소용이 없었다. 명나라와 일본이 어떻게 움직일지 몰랐기 때문이다.

명나라 강화사 심유경과 고니시 유키나가가 꾸며 낸 화의 문제는 계사년 7월 20일, 여안이란 자가 부산을 출발함으로써 곧 성립이 되는 것 같았으나, 명나라에도 강화파와 전쟁파가 있어 화의를 방해하는 바람에 무산되고 말았다.

때문에 전쟁도 평화도 아닌 불투명한 상태로 갑오년(1594)이 밝았다. 그 해 2월 1일, 조정에서 유서(명령문) 한 통이 도착되었다.

수군을 지휘하여 적을 무찌르라.

그런데 2월 8일 도착한 도원수 권율의 통문은 또 달랐다.

지금 심유경이 왜국과 화평 교섭을 하고 있으니 지켜 보도록 하라.

이순신은 자꾸 뒤바뀌는 명령에 어찌할 바를 몰랐다.
게다가 각지에서 왜적들이 약탈을 일삼고 있다는 보고가 자주 들어왔다. 특히 3월 3일, 벽방(통영군 광도면) 망장(감시 초소장)인 제한국으로부터의 보고는 몹시 긴급한 것이었다.

왜국의 대선 10척, 중선 14척, 소선 7척이 영등포에서 나와 당항포로 향하고 있습니다.

　　이순신은 곧 함대를 출동시켰다. 그리고 왜선을 각각 읍진포, 어선포, 자구미포에서 포착하여 10여 척을 불태워 버렸다. 오랜만에 올린 전과였다.
　　그리고 3월 7일 한산도로 돌아왔을 때, 웅천에서 왜군과 교섭차 머무르고 있는 담종인에게서

　　지금 우리는 웅천에 머물면서 왜군과 화의 교섭을 하고 있는 중이니 공격하지 마십시오.

라는 내용의 공문이 도착되었다.
　　이순신은 분함이 치밀어 견딜 수 없었다. 그래서 담종인에게 항의의 서한을 보냈다.

　　담 도사께서는 왜적을 치지 말라 하셨는데 그들은 우리와 하늘을 함께 볼 수 없는 원수입니다. 더욱이 그들은 웅천, 김해, 동래 등지에 성을 쌓은 채 아직도 물러가지 않고 있는데 나라의 병사된 자로 어찌 팔짱만 끼고 보고 있겠습니까!

그 뒤 7월이 지나면서 왜적들의 움직임이 다시 활발해졌다. 그리하여 이순신은 도원수 권율, 의병장 곽재우, 김덕령 등과 협력하여 육지와 바다에서 동시에 적을 공격하는 작전을 세웠다.

이리하여 8월 27일 한산도를 출발하여 29일 장림포 앞바다에 이르렀는데, 왜적들은 험준한 곳에 성을 쌓고는 싸우려고 하지 않았다. 며칠 동안 유인 작전을 썼지만 별 효과가 없었다. 모처럼의 육해 협동 작전이었으나 9월 6일, 결국 이순신은 한산도로 돌아오고 말았다.

이 무렵 명나라에서는 도요토미 히데요시의 항복서를 받고 책봉사를 일본에 보내기로 작정했다.

"전쟁이 끝나가는 느낌이 드는군."

조정에서는 기쁨에 들떠 원균을 충청 병사로 전출시키고 새로이 배설을 경상 우수사로 임명했다. 때는 을미년(1595) 2월의 일이었다.

그런데 배설은 교만한 성품으로 이순신을 별로 대단치 않게 여겼었지만 한산도에 와서 이순신을 직접 만나본 후에는

"이 섬에 와서 진짜 영웅을 보게 될 줄은 몰랐구나!"
하고 감탄했다.

이 해 4월 명나라 사신인 정사 이종성, 부사 양방형이 서울에 도착했다. 왜국도 사신들을 환영하며 웅천을 비롯한 거제, 장문, 소진포 같은 몇몇 진지를 철수했다. 이런 결과가 나타나자 조선에서는

빨리 화평을 성립시키라고 명나라 사신을 재촉했다.

그런데 이종성은 웬일인지 자꾸만 늑장을 부렸다.

그러던 어느 날 명나라 정사 이종성이 행방불명되는 사건이 발생했다. 이 실종 사건은 자세히 알려지지는 않았으나, 고니시 유키나가와 심유경이 방해되는 이종성을 없애 버렸다는 추측이 있다.

이리하여 양방형이 정사가 되고 심유경이 부사가 되어 선조 29년(1596) 정월 왜국으로 건너갔다. 이 때 우리 나라에서도 정사 황신, 박홍장을 통신사로 하여 왜국에 보냈는데 도요토미 히데요시는 우리측 사신을 만나 주지도 않았다.

양방형 등과의 접견은 9월 2일에 있었다. 이 때 양방형은 국서를 받들어 들고 넓은 방의 단 위에 서 있고, 심유경은 단 아래서 금도장을 받들고 서 있었다.

이윽고 도요토미 히데요시가 나타났다. 그는 뻣뻣이 선 채 무릎을 꿇지 않았다. 명나라 사신으로선 자기네 황제의 국서와 금도장(옥새)을 전달하는데 마땅히 허리를 굽힐 줄 알았던 도요토미 히데요시가 뻣뻣이 서 있자 명나라 사신은 무척 놀라는 표정이었다.

고니시 유키나가도 당황했다. 그는 재빨리 양방형에게 다가가서 귀띔을 했다.

"우리 다이꼬께선 무릎에 종기가 있어 허리를 굽히지 못하십니다."

그러자 양방형은 고개를 끄덕이더니 선 채로 국서를 건넸는데,

오히려 도요토미 히데요시가 어리둥절해 하는 것이었다.

'명나라 황제와 나는 대등하다. 그러니까 그 신하는 마땅히 나에게 엎드려 절을 해야만 할 것이 아닌가.'

그 때까지만 해도 도요토미 히데요시는 어떻게 된 상황인지 잘 몰랐다. 그런데 그 날 저녁 승려를 불러 명나라 국서를 읽고서야 상황을 알고 크게 노하고 말았다.

그대를 일본 국왕에 봉하노라.

도요토미 히데요시는 얼굴이 시뻘개지면서 고함을 질렀다.
"이게 어찌 된 일이냐! 모든 게 거짓이 아니냐?"
도요토미 히데요시는 이리하여 조선을 다시 침략하기로 결심을 굳혔다.

왜적이 조선을 다시 침략한 것은 선조 30년(1597) 1월 초이다. 이것이 정유 재란인데 왜군의 병력은 15만 명으로 지난번과 거의 같았다.

먼저 고니시 유키나가가 제1군으로 14,700명의 병력을 이끌고 부산포 근처인 두모포에 상륙했다. 고니시 유키나가는 그 곳에서 종의지의 군과 합쳤다.

이 때 고니시 유키나가는 이렇게 말했다.
"내가 제일 두려워하는 것은 조선의 이순신이다. 그만 없애면 우리는 승리한 것이나 다름없다."

"그럼 도대체 어떻게 해야 합니까?"

"모략을 쓰는 것이다. 제2군인 가토 기요마사는 1월 15일 울산에 상륙하기로 되어 있다. 이것을 이용하는 것이다."

고니시 유키나가는 대마도 출신으로 조선 말을 잘 하는 요시라를 시켜 밀서를 주고 경상 우병사 김응서를 만나게 했다. 그 밀서에는 다음과 같은 내용이 적혀 있었다.

화평을 방해하는 자는 가토 기요마사이다. 그 가토 기요마사가 1월 15일 1만의 병력과 함께 울산 장생포에 상륙하기로 되어 있다.

김응서는 이 중대 정보를 급히 서울에 알렸다. 조정에선 기뻐 어쩔 줄을 몰랐다.

"곧 삼도 수군통제사에게 기별하여 우리 나라 원수인 가토 기요마사의 목을 베어 바치라고 해야 합니다."

몇몇 대신들이 이렇게 말했다.

그러나 통신사로 왜국에 갔다 온 적이 있는 황신만은 의문을 나타냈다.

"아무래도 의심스럽습니다. 고니시 유키나가가 가토 기요마사와 앙숙이라곤 하나 자기 동료를 죽게 할 리는 없잖습니까?"

그러나 조정의 사람들은 이것이 간악한 계교임을 모른 채 도원수 권율을 시켜 이순신에게 가토 기요마사를 공격하라는 명령을 내렸다.

　권율은 이 명령을 이순신에게 전했다.

　이순신은 다음 네 가지 이유를 들어 수군을 출동시키지 않았다.

① 적이 제공하는 정보이므로 믿을 수가 없고, 비록 진짜라고 해도 모험이 따른다.

② 확실한 대비책 없이 바다로 나갔다가 적의 계교에 빠져 기습 당할 우려가 있다.

③ 대군을 동원하면 복병을 할 수 없고, 또 소군을 동원하고 복병을 많이 두면 위험한 경우가 생긴다.

④ 멀리 와서 피로한 적을 기다렸다가 치는 것이 병법의 원칙이다.

　가토 기요마사는 예정대로 1월 15일 울산에 상륙했다.

　고니시 유키나가의 정보는 거짓이 아니었던 셈이다. 그는 자신의 모략이 성공하든 실패하든 상관없었다. 이순신이 자기의 정보를 믿고 가토 기요마사를 없애 준다면 그것은 자기의 경쟁자가 없어지는 것이고, 만약 이순신이 자기 정보를 믿지 않고 수군을 출동시키지 않는다면 왕명을 거역한 것으로 처벌을 받게 될 것이니 어느 쪽이든 고니시 유키나가는 득을 보게 되는 것이었다.

　어쨌든 제 날짜에 가토 기요마사가 나타남으로써 이순신은 명백히 왕명을 거역한 것이 되었으며, 이 일이 서인들을 기쁘게 만들었다. 이 때 윤두수, 김응남 등이 이순신을 강력히 몰아세웠다.

"이순신에게 죄를 주고 원균으로 하여금 수군통제사를 시켜야 합니다."

"그렇습니다. 이순신이 이제껏 왜적을 물리쳤다고는 하나 그것은 원균의 도움이 컸기 때문입니다."

당시 영의정으로 있던 유성룡은 매우 입장이 거북했다. 결코 이순신의 잘못이라고는 믿고 싶지 않았으나 자신이 추천한 이순신을 무턱대고 감쌀 수는 없었다.

이 때 원로 대신 정탁(1526~1605)이 임금 앞에 나섰다.

"비록 이순신에게 죄가 있다 하더라도 강 한가운데서 말을 바꾸어 타게 할 수는 없다고 생각합니다."

그러나 선조의 결심은 굳이졌다. 선전관을 내려 보내 이순신을 서울로 잡아 올리게 하고 원균을 통제사로 임명했던 것이다.

북소리

어명을 받은 이순신은 원균에게 담담히 사무 인계를 했다. 군량미 9,914섬, 화약 4,000근, 총통 300자루, 병선 200여 척 등…….

이순신이 잡혀 간다는 소문에 장수는 물론이고 군사들이 소리없

는 눈물을 삼켰다. 백성들은

"사또께서 떠나시면 우리는 누굴 믿고서 살라 합니까!"

하고 땅에 쓰러져 우는 사람도 있었다. 정유년 2월 26일이었다.

이순신은 머리를 풀고 짐승처럼 함거(죄인을 수송할 때 쓰는 수레)에 실려 서울까지 올라갔다. 한산도 싸움을 비롯하여 숱한 공을 세우고도 이순신은 이렇듯 끌려가게 된 것이다.

"나라가 망했어. 죄없는 충신이 잡혀 가다니!"

백성들이 이렇게 말할 정도였으니 80살이 넘은 노모의 마음은 어떠하였으랴? 이순신의 어머니 변씨는 이 충격으로 세상을 떠나고 말았다.

이순신의 함거는 3월 4일 서울에 도착하여 곧바로 의금부로 향했다.

〈징비록〉에 의하면 순신은 여러 차례 고문을 당했다고 한다. 그리고 대신들은 이순신을 사형에 처해야 한다고 주장했다.

이 때 정탁과 이원익이 강력히 주장하고 나섰다.

"군 작전의 옳고 그름은 멀리 떨어져 있으면 헤아리기가 어려운 것입니다. 그가 출동하지 않았던 것도 반드시 생각하는 바가 있었을 것입니다. 너그러이 베푸시어 공을 세울 기회를 주셔야 합니다."

이리하여 사형을 모면한 이순신은 모든 관직이 박탈되고, 백의종군(벼슬이 없는 사람으로 군대를 따라 싸움터로 나아감)의 명령이 내려졌다. 옥중에서 28일 동안 고생을 한 후 4월 1일 풀려났던 것이다.

옥을 나온 이순신은 남대문 밖에 있는 윤간의 집으로 갔다. 고문을 받아 걸음도 제대로 걸을 수 없었다. 그래도 고통의 빛 하나 보이지 않았는데 기다리고 있던 조카들과 아들의 입을 통해

"할머님께서 돌아가셨습니다."

라는 말을 듣자 그대로 까무러치고 말았다. 효성이 지극했던 그는 아버지와 마찬가지로 어머니의 임종을 지켜 보지 못했다는 죄책감으로 가득 찼던 것이다.

이순신은 누구도 원망하지 않았으나 어머니의 상마저 치르지 못한 것을 큰 슬픔으로 여겨 소화 불량이 되고 심한 아픔과 구역질이 나는 병을 얻게 된 것이다.

이순신은 며칠 쉬고 나서 남쪽으로 내려갔다. 아직도 죄인이라 금부도사가 그를 호송했다. 이순신은 숙소에 들 적마다 어머니 생각을 하고

"아아, 나는 불효자로구나!"

하고 탄식했다.

보다못해 금부도사가 위로하며 말했다.

"식사를 하셔야 합니다. 그러다가 큰 병이라도 얻으시면 어쩌려고 이러십니까?"

4월 5일에야 겨우 어머니 산소를 찾아간 이순신은 한동안 엎드려

통곡을 했다. 그리고 며칠 마을에 머무르며 돌아가신 어머니를 그리워했다.

한편, 이순신의 뒤를 이어 수군통제사가 된 원균은 정유년 7월 7일 함대를 출동시켰다. 목표는 부산포. 우리 수군은 견내량을 지나고 칠천량의 좁은 물길을 지나 부산만 입구에 있는 절영도 앞바다에 이르렀다.

그런데 갑자기 바람이 거세게 불며 파도가 높아져 배가 나아갈 수 없었다.

"배를 돌려라!"

원균이 명령을 내렸을 때에는 함대 진형(진지의 형태)을 유지하기도 어려웠다. 그래서 뿔뿔이 헤어져 가덕도까지 물러났다.

어느새 밤이 되어 지척을 분간하기 어려운 가운데 수군은 앞을 다투어 가덕도에 상륙했다. 그런데 이 섬에는 이미 왜적이 와 있었다. 제대로 싸워 보지도 못 하고 아군 400여 명이 죽고 말았다.

7월 15일, 칠천량까지 물러난 우리 수군에 왜적의 대 함대가 공격해 왔다. 칠천량은 칠천섬과 거제섬 사이에 있는 좁은 물길로서, 왜선이 이 곳까지 겁없이 쳐들어오리라고는 생각도 못한 일이었다. 기습을 받은 원균은 칠천량에서 참패를 했다.

원균은 배를 버리고 거제도로 기어 올라갔다. 그러나 여기도 안전한 곳은 아니었다. 곧 뒤쫓아온 왜적에게 죽음을 당하고 말았던 것이다. 전라 우수사 이억기는 너무나도 허무한 패전에

"더 살아서 무엇하랴!"

하고 바다에 몸을 던져 스스로 목숨을 끊었다. 이 싸움에서 우리 수군은 얼마나 커다란 참패를 당했는지 200여 척이나 되는 대함대에서 겨우 12척이 남았을 뿐이었다.

원균이 패하고 수군이 전멸되었다는 보고는 도원수 권율의 장계로 조정에 알려졌다. 이 보고가 전해지자 조정은 마치 초상집 같았다. 조정에서는 긴급히 어전 회의가 열렸으나 대신들은 고개만 조아릴 뿐 누구 하나 말이 없었다. 선조 임금은 화를 내며 목소리를 높였다.

"대신들은 무엇하는가! 이대로 내버려 둔 채 아무 일도 하지 않을 작정인가?"

조정에서 갈피를 잡지 못하고 있을 때 도원수 권율은 초계에 머무르며 백의 종군하고 있는 이순신을 찾아갔다.

"일이 이 지경에 이르렀으니 어찌하면 좋겠소?"

한참이 지나서야 이순신은 대답했다.

"제가 해안 지방으로 가서 현지 사정을 듣고 방책을 정하겠습니다."

"곧 그렇게 해 주시오."

이순신은 말을 달려 노량에 이르자마자 살아남은 수군으로부터 상황을 전해 들었다.

9월 3일 서울서 선전관이 이순신을 찾아 내려와서 그에게 3도 수군통제사를 재임명한다는 명령과 함께 교지를 전했다.

과인이 생각건대 그대는 수사의 중책을 진 그 때부터 명성을 올렸고, 대승을 거두어 병사들에게 만리장성 같은 굳건함을 보여 주었다. 그럼에도 불구하고 그대를 백의 종군케 했음은 과인의 불찰이었노라. 육항이 국경의 강 수비를 두 번이나 해 내어 책임을 완수했고, 또한 왕손이 죄인의 몸이면서 일어나 적을 쓸어내고 나라를 위했듯이 그대 또한 국난을 구해 주기 바라노라.

참으로 파격적인 임금의 교지였다. 임금은 솔직히 자기의 잘못을 시인한 것이었다.

이순신은 새로이 진도 벽파진에 본영을 두었다. 자신이 심혈을 기울여 지켜 왔던 수군이 무너지고 13척의 거북선만 남은 것을 보자 피눈물이 나올 것만 같았다. 그러나 한탄만 하고 있을 수는 없는 일이었다. 한산도나 노량의 요지를 점령한 왜적의 대함대가 시시각각으로 진도를 향해 오고 있었기 때문이다.

이 때 왜적은 두 갈래의 작전 방침을 따라 행동하고 있었다. 그 한 갈래는 약 5만 명의 병력으로 전주를 점령하는 임무를 띤 군사였고, 또 한 갈래는 역시 5만 명의 병력으로 남원을 점령하겠다는 것이었다. 이번에는 전라도가 왜적의 주목표가 된 것이다.

8월 12일 고니시 유키나가는 남원성에 접근했다. 이 곳에는 명나라 군사와 우리 군사 4천여 명이 지키고 있었다.

그러나 고니시 유키나가는 전주를 점령했고 서울을 향해 북상했으나 그 진격 속도는 더디기만 했다. 곳곳에서 적은 수이지만 우리 의병의 저항이 매우 완강했던 것이다.

한편 왜적의 수군은 한산도에서 함대를 편성했는데 300여 척이나 되었다. 이 가운데 55척이 선봉 함대로 진도를 향해 나아갔고 그들의 기세는 하늘을 찌를 듯이 높았다.

9월 7일, 왜선 55척이 해남 어란포에 나타났다. 이를 맞아 싸울 우리 수군의 배는 겨우 13척뿐이었다. 그런데 이 날은 하루 종일 바람이 불어 파도가 높자 결전은 밤으로 연기되었다.

이윽고 밤이 되었다.

왜적들이 피로한 듯 어란포의 후미 인에 들어가 쉬려고 할 때 우리 수군이 급습했다. 왜적들은 허둥지둥 바깥 바다로 달아났다. 이순신은 이 때를 기다렸던 것이다.

아직도 파도가 높은 컴컴한 바다에서 우리 거북선은 적의 배를 향해 돌진했다. 포와 불화살을 쏘며 과감하게 적의 배들을 들이받았다. 아군의 배들은 마치 손발처럼 자유자재로 움직이며 공격을 하자 전세는 점점 우리편으로 기울어졌다.

왜적은 달아나기 바빴다. 이 한밤중의 전투에서 왜적은 13척의 배를 잃었다.

이어 9월 14일, 왜군의 주력 함대가 나타났는데 이들은 진도와 해남 사이에 있는 명량의 수로를 향하고 있었다. 이 때 어란포 앞바다에 나타난 왜선은 300여 척에 이르렀다. 13척의 배를 가진 우리 수군에게는 대항하기에 벅찬 숫자였다.

그러나 이순신은 장병들의 용기를 북돋우며 격려했다.

"죽기를 각오하고 싸우면 살고 살려 하면 죽는다. 군사된 도리로 죽음으로써 나라를 지킨다면 그보다 더한 영광도 없을 것이다."

9월 16일 결전은 이른 아침부터 시작되었다. 조수를 타고 어란포를 떠난 왜선들은 명량 가까이에서 조선 수군을 발견했다.

"저들을 전멸시켜라! 아무리 이순신이 용하다 하더라도 이번만은 어림도 없다!"

적장은 이렇게 소리치고 나서 맹렬히 다가갔다. 그런데 그것은 우리 수군이 왜선을 유인하기 위해 일부러 모습을 보여준 것이었다. 그것도 모른 채 왜선은 명량의 좁은 길목을 막 지나치고 있었다. 그 순간 조수가 갑자기 멎더니 거꾸로 흐르기 시작했다.

본래 명량은 하루에 네 번 조류의 방향이 바뀌는데 왜적들은 그것을 몰랐다. 우리 수군은 그것을 이용하여 왜선을 함정에 빠뜨릴 수 있었다.

느닷없는 조수의 역류로 왜선들은 혼란에 빠졌다. 어떻게든 그 곳을 벗어나려 발버둥쳤지만 명량의 수로 밑에 미리 장치해 둔 쇠줄에 걸려 배가 마음대로 움직이질 않았다.

이 때를 틈타 이순신은 숨겨 두었던 거북선 선대를 내세워 역류

를 타고 떠밀려 오는 왜선을 측면에서 공격했다. 순식간에 왜선 31척이 아군의 공격에 부서지고 말았다.

싸움이 끝나자 이순신은 당사도로 진영을 옮겼다. 거북선 13척이 고스란히 남아 있었으나 아군의 사상자가 적지는 않았으므로 잠시 시간이 필요했다.

당사도에서 하룻밤을 보낸 이순신은 어외도, 칠산, 법성포, 홍농, 위도 그리고 구군산도까지 올라가 적을 수색하며 다녔다. 서해로 침입한 왜선을 탐색하기 위한 것이다.

이 때 이순신이 가장 사랑하던 셋째 아들 면이 아산 근처의 전투에서 전사했다는 슬픈 소식이 전해졌다.

선조 31년(1598) 2월 17일, 이순신은 통제영을 해남의 우수영에서 고금도로 옮겼다. 이 무렵 명나라 수군은 제독 진인의 지휘 아래 500여 척의 병선을 이끌고 도착했다.

진인은 처음에는 대국 사람 행세를 하며 거만하게 굴었다. 그러나 이순신을 사귀고 나서부터는 점점 겸손해지기 시작했다.

하루는 이순신이 진인과 더불어 술을 마셨다. 그 자리에서 이순신은 말했다.

"노야(존대어)! 노야께서는 명나라 제독으로 멀리 여기까지 왜적을 무찌르기 위해 오시지 않았소? 그러니 이 진중에서 승리한 것은 모두 노야의 공입니다."

"무슨 말씀이신지?"

"노야의 공이 크므로 우리가 벤 왜적의 머리 전부를 노야께 드리겠습니다. 그걸로 노야께서 황제께 승첩을 아뢰면 얼마나 명예롭겠습니까."

진인은 입이 함박같이 벌어졌다.

"그렇다면 장군의 공을 모두 저에게 양보하시겠다는 것입니까?"

"그렇습니다."

"그럴 수가…… 어떻게 그런 고마운 생각을……."

진인은 고마워서 어쩔 줄을 몰랐다.

이순신은 그런 진인의 얼굴을 쳐다보더니 다시 말했다.

"그런데 노야께 꼭 부탁 드릴 일이 있습니다."

"무엇입니까? 사양치 말고 말씀하시구려."

"다름이 아니라 왜적과 싸울 때 작전 지휘권을 저에게 맡겨 주십시오."

진인은 오래 망설이지도 않았다. 그는 이순신을 명장으로서 존경하고 있었던 것이다.

"좋습니다. 그것이라면 어렵지 않지요."

왜적들은 직산 근처인 소사평에서 도원수 권율과 명나라 장수 유정의 공격을 받아 패한 후 더 이상 북상하지 못하고 있었다. 그 때 왜국에서 극비 명령이 전달되었다. 8월 18일 도요토미 히데요시가 죽었다는 소식이었다.

"도요토미 히데요시가 죽었다!"

이 비밀은 우리측에도 금방 알려졌다. 울산에 있던 가토 기요마사의 부대가 정식 철수 명령도 없이 재빨리 본국으로 돌아갔다.

"때는 이 때다! 이 기회야말로 7년 전쟁에서 수없이 죽은 우리 동포의 원수를 갚을 때다!"

이순신은 전 함대를 출동시켜 적들의 뒤를 쫓았다.

조선에 와 있던 왜장들은 앞을 다투어 도망치기에 바빴다. 그런데 고니시 유키나가의 13,000 병력은 우리 의병의 재빠른 퇴로 차단으로 어려움에 빠져 있었다. 그리하여 그들은 쫓기다가 순천 근처 왜교(광양만)에 집결했다.

이순신은 왜교에 있는 고니시 유키나가를 구출하러 오는 왜적들을 반드시 막아내야 했다. 그래야 나라의 원수를 갚을 수 있었기 때문이다.

이순신은 명나라 수군과 더불어 고금도의 덕동을 출발, 여수를 지나 왜교 앞바다에 진을 쳤다. 무술년(1598) 11월 13일이었다.

이 때 위기에 빠진 고니시 유키나가는 필사적이었다. 자신을 구출할 지원 부대가 올 때까지 어떻게든 시간을 끌어야 했기 때문에 명나라 장수 유정에게 말, 금, 은, 조총 따위를 뇌물로 보내고 공격을 늦추어 달라고 애원했다.

또 진인에게도 매수의 손길을 뻗쳤다. 그러자 어리석은 진인은 이순신을 찾아와 말했다.

"장군, 침략의 원흉인 도요토미 히데요시도 죽었으니 고니시 유키나가와 화의를 하는 게 어떻소?"

이 말에 이순신은 한마디로 잘라 대답했다.

"원수를 이대로 살려 보낼 수는 없습니다."

고니시 유키나가는 이순신도 매수하려 했다. 금, 은과 많은 조총을 주겠으니 화의를 맺자고 제의해 온 것이다. 그러나 평소 좀처럼 큰 소리를 내지 않는 이순신이 무섭게 호통을 쳤다.

"조총이라면 산더미처럼 쌓여 있다. 너희들이 무인이라면 싸워서 그것을 되찾고 물러가는 게 도리가 아니냐!"

명나라 장수 진인 때문에 우물쭈물하는 사이 고니시 유키나가를 구출하러 온 적의 지원병들이 도량에 나타났다.

그 때 이순신은 왜교 앞바다에서 반달 모양으로 육지를 포위하고 있었다. 왜적의 수군이 가까이 왔다는 소식을 접한 이순신은 육지의 포위를 풀고 노량으로 달려갔다. 그리고 11월 19일 새벽 노량의 서쪽 입구인 광양만에 이르러 전투 대형을 지었다.

이윽고 왜적의 함대가 모습을 드러냈다. 우리 함대가 적선을 남해도 기슭으로 몰아붙이자 적선은 쫓기어 관음포라는 후미로 들어갔다. 관음포는 좁은 곳으로서 막혀 있었기 때문에 더 이상 갈 곳이 없었다. 이순신이 지휘하는 조선과 명나라의 합동 함대는 관음포로 밀고 들어갔다.

노량해전이라 불리는 이 관음포에서의 해전은 11월 19일 환한 달빛 아래서 벌어졌다.

격전 속에서 날이 밝았다. 주위가 밝아지자 가까운 거리에서 사격하는 사수에게는 목표물이 뚜렷하게 보였다. 왜적들은 독 안에 든 쥐가 되어 결사적으로 이순신의 판옥선을 향해 집중 사격을 가했다.

이순신은 판옥선 누각 위 좁은 사령탑 위에 우뚝 서 있었다. 그는 머리에 옥로(해오라기 모양의 장식품)를 단 무쇠 투구를 깊숙이 내려쓰고 누런 중국풍 철제 갑옷을 걸치고 있었다.

이 철제 갑옷은 겨드랑이와 어깨, 가슴과 등을 중점적으로 방어하도록 되어 있고, 몸을 움직이기 쉽도록 고안돼 있으며 허리에는 폭이 넓은 띠가 둘려져 있었다. 이 요대는 황금으로 호랑이 상감을 한 장식이 달린 가죽띠였다.

이순신은 오른손에 지휘봉을 잡고 있었다. 이 지휘봉의 움직임으로 옆에 있는 군관이나 군사가 큰 북이나 나팔, 독전기, 영기 등을 갖고서 다른 함대에 명령을 전달하는 것이다.

이순신의 왼손에는 큰 칼이 쥐어져 있었다. 그는 애용하는 큰 칼이 두 자루 있었는데 둘 다 길이가 2미터에 가깝고, 무게는 5킬로그램이 넘었다. 보통 체격의 사람으로선 도저히 마음대로 휘두를 수 없는 큰 칼이었다.

이순신이 탄 판옥선에는 송희립과 맏아들 회, 그리고 조카 완이 함께 타고 있었다.

왜적들은 이 네 사람을 향해 화살을 집중적으로 쏘았다. 해가 떠오를 무렵 송희립이 왼쪽 이마에 화살을 맞고 쓰러졌다. 이순신은 재빨리 쓰러지는 송희립의 손에서 북채를 재빨리 뺏다시피 하여 들고 큰 북을 둥둥둥 울렸다.

"공격하라, 공격하라!"

북소리는 빠르고 힘차게 쉴 새 없이 울려 퍼졌다.

그 순간, 이순신을 노린 한 방의 총알이 공기를 가르며 이순신의 몸을 맞추었다. 그 총알은 가슴과 어깨를 덮고 있는 갑옷의 작은 틈을 비집고 들어와 북채를 높이 든 이순신의 왼쪽 겨드랑이 밑을 맞추고 순신의 몸 깊숙이 파고 들어갔다. 이순신은 그대로 쓰러졌다. 옆에 서 있던 아들과 조카가 달려왔다.

"아버님!"

"직은 아비님!"

이순신은 괴로운 숨결을 몰아 쉬면서 외쳤다.

"싸움이 한창이니 내 죽음을 알리지 말라. 빨리 내 몸을 방패로 가리고 싸움이 끝날 때까지 비밀에 붙여라!"

회와 완은 세 개의 방패로 이순신의 유해를 가리고 대신 회가 북을 울렸다. 그런데 회마저 적탄에 쓰러지자 이번에는 완이 북채를 잡았지만 완도 목숨을 잃었다.

어느덧 전투는 끝났다. 이 날 해전으로 적선 300여 척 가운데 250척 남짓을 격파하거나 불살랐다.

바다는 왜적의 시체에서 쏟아져 나온 피로 온통 시뻘겋게 물들

었다. 진인은 해전이 끝난 뒤에야 비로소 이순신의 죽음을 알았다. 그는 갑판에 털썩 주저앉으며

"장군! 장군!"

하고 울음을 터뜨렸다. 그제서야 이순신의 죽음을 알게 된 모든 병사들은 갑판에 엎드려 눈물을 흘렸다.

이렇게 나라만을 위해 노심초사하던 위대한 인물은 숨을 거두고 그의 죽음과 더불어 왜란도 끝났던 것이다.

해설

　충무공 이순신에 대해선 새삼 해설이 필요하지 않으리라. 여기선 전후의 결과를 간단히 설명하는 데 그치겠다.
　7년에 걸친 왜란은 우리 민족에게 엄청난 타격을 주었다. 인구의 극심한 감소와 황폐된 농토……. 그러나 그나마 이순신이 우리 민족을 멸망의 구렁에서 건져 냈던 것이다.
　왜적은 우리의 귀중한 문화재를 수없이 강탈해 갔고 장인(손으로 물건을 만드는 사람)들은 포로로 끌려갔다.
　한편, 왜적이었다가 항복한 사람도 적지 않은데, 그 가운데 300 또는 3000명의 부하와 더불어 항복한 가토 기요마사의 우선봉장 사야가의 이야기는 유명하다. 조정에서 그에게 김충선이란 이름을 내려 주고 관직까지 주었고 그들은 조선에 정착하여 살았다.

　명나라도 전후 처리를 했다. 명나라에선 석성이 심유경, 고니시 유키나가와 짜고 신종 황제를 속였다는 죄로 체포되어 감옥에서 죽음을 맞았다. 심유경도 체포되어 전 재산이 몰수됨과 동시에 목숨을 잃었다.

　일본은 도요토미 히데요시가 죽자 덕천가강이 정권을 잡았고 가토 기요마사와 고니시 유키나가는 계속 사이가 나빴는데 대행장은 가토 기요마사와 싸우다가 패하여 참수를 당했고, 가토 기요마사는 원인 모를 변사를 했다.

　한편 선조는 이순신에게 의정부 우의정이라는 관직을 추증하여 그 공적을 기렸다. 다시 6년 뒤에는 좌의정과 덕흥 부원군을 추증했으며, 전쟁이 끝난 45년 뒤, 인조가 충무공이라는 시호를 내렸다. 이순신은 그 성격에 있어 한마디로 강직했고 청렴결백했다. 이런 것이 세상 사람들에게 인식되지 못하고 모함과 오해를 받기도 했다.

　그는 충성심도 뛰어났지만 보기 드문 효자였다. 이것은 그가 강직한 성품이면서도 섬세한 데가 있었다는 것을 보여 주는 증거이다. 난민들의 구호, 전사자에 대해 위령제를 지내거나 고향까지 시체를 운구시켜 준 일, 그리고 셋째 아들 면이 죽었을 때의 슬픔, 이 밖에도 좀처럼 꾸짖는 소리를 내지 않는 점을 보아 대충 그의 성격을 짐작할 수 있다.
 또 그가 전쟁중 틈틈이 적은 〈난중일기〉를 남겼다는 점을 보아도 보통의 무인만은 아닌, 그야말로 문무를 겸비한 군자였던 것을 잘 알 수 있다.

연보

1545   태어남. 아버지 이정, 어머니 초계 변씨 을사사화 일어남

1548   글을 배우기 시작함. 인종 승하, 명종 즉위
         문정황후의 수렴청정

1552   서울서 아산으로 낙향함. 먼 친척인 이기 죽음
         선과를 새로이 둠

1566   이 무렵 결혼함. 부인은 상주 방씨
         소윤파·대윤파의 싸움
         무예 단련을 시작
         문정왕후 승하

1569   무과에 뜻을 두고 서울로 올라옴

　　　　　율곡 이이 '동호문답'을 지어 임금께 올림
　　　　　어렸을 적 친구 유성룡과 가까이 지냄
　　　　　퇴계 이황 죽음(1570)

1572　별과 시험에서 낙마로 다리를 다침
　　　　　이준경 죽음(7월)
　　　　　기대승 죽음(11월)

1576　무과 급제
　　　　　동서의 당쟁 시작(1575)
　　　　　12월 함경도 동구비보 권관으로 부임

1579　훈련원 봉사가 됨
　　　　　이이 대사간이 됨
　　　　　10월 충청병사 군관이 됨

1580　발포의 수군 만호가 됨
　　　　　처음으로 수군과 관련을 맺음

1582　파직됨. 5월 다시 훈련원 봉사로 복직
　　　　　이이 병조판서로 10만 양병설을 주장

1583　함경도 건원보의 권관이 됨
　　　　　오랑캐 추장을 무찌름

1584   아버지의 별세. 벼슬을 버리고 분상
        이이 별세(49살)

1586   함경도 조산보 만호가 됨
        조헌 상소하여 인재 양성을 주장

1587   녹둔도 둔전관을 겸함
        일본 사신 종의지, 현소 등이 자주 옴
        여진족 기습을 격퇴했으나 이일의 무고로 파면 (1588)

1589   전라 순찰사 이광의 군관이 됨
        통신사 황윤길, 김성일 왜국으로 감
        12월 정읍 현감이 됨(1590)

1591   2월 전라좌수사가 됨
        통신사 돌아옴

1592   임진왜란 발발
        신입 충주에서 전사(4월)
        목포, 당항포, 한산도, 부산포에서 왜적을 서울 함락(5월),
        평양 함락(6월)
        격멸, 제해권을 잡음 의주 파천

1593   한산도로 진을 옮김

평양수복(1월). 벽제에서 명군 대패
3도 수군통제사가 됨
행주산성에서 왜군 대파

1597 원균의 모함과 고니시 유키나가의 모략으로 파면,
진주성 함락
서울로 잡혀 감
사형을 면하고 백의종군
다시 수군통제사가 됨
병선 13척으로 어란포와 명량에서
적 수군 격파

1598 고금도로 이동
왜란 끝남
명 수사 제독 진인과 협동작전
노량 해전에서 전사

판권은
본사의
소유임

위인전기 ❼
이순신

2001년 5월 15일 초판 발행
2004년 5월 20일 중쇄 발행
✱
엮은이 · 류동백
펴낸이 · 윤석홍
펴낸곳 · 상서각 출판사
✱
등록 · 2002. 8. 22(제8-377호)
주소 · 서울특별시 은평구 녹번동 19-20
전화 · 356-5353   FAX · 356-8828
이메일 : sang5353@yahoo.co.kr
홈 페이지 : www.sangseogak.co.kr
✱
ISBN 89-7431-084-8 74990
ISBN 89-7431-077-5 (세트)

✱잘못된 책은 바꾸어 드립니다.

올챙이문고

2학년 전래 동화

2학년 전래 동화는 아이들의 꿈을 키워 주는 지혜와 용기, 재치를 한데 모아 엮은 책으로, 재미있고 유익한 교훈을 전해 주고 있습니다.

• 이영준 엮음

3학년 전래 동화

3학년 전래 동화는 아이들의 꿈을 키워 주는 지혜와 용기, 재치를 한데 모아 엮은 책으로, 재미있고 유익한 교훈을 전해 주고 있습니다.

• 이영준 엮음

1학년 이솝 이야기

우리 함께 이솝 아저씨를 만나 보기로 해요. 그의 세계는 밝고, 아름답고, 지혜롭기까지 하답니다. 이솝 아저씨의 지혜라는 보물, 아름다움이라는 보물, 밝고 깨끗함이라는 보물을 한번 받아 보세요.

• 이 솝 지음

2학년 이솝 이야기

우리 함께 이솝 아저씨를 만나 보기로 해요. 그의 세계는 밝고, 아름답고, 지혜롭기까지 하답니다. 이솝 아저씨의 지혜라는 보물, 아름다움이라는 보물, 밝고 깨끗함이라는 보물을 한번 받아 보세요.

• 이 솝 지음

1학년 안데르센 동화

이 책에는 안데르센 선생님처럼 자연을 사랑하는 사람, 진실을 사랑하는 사람, 자신의 분수를 지킬 줄 아는 사람들의 이야기가 가득 실려 있습니다. 이렇듯 아름답고 고운 이야기들은 우리 어린이들의 마음속에 남아 영원한 친구가 되어 줄 것입니다.

● 안데르센 지음

2학년 안데르센 동화

이 책에는 안데르센 선생님처럼 자연을 사랑하는 사람, 진실을 사랑하는 사람, 자신의 분수를 지킬 줄 아는 사람들의 이야기가 가득 실려 있습니다. 이렇듯 아름답고 고운 이야기들은 우리 어린이들의 마음속에 남아 영원한 친구가 되어 줄 것입니다.

● 안데르센 지음

1학년 감동을 주는 EQ동화

한국 아동 문학을 이끌어 온 선생님들의 작품 가운데 어린이들의 정서와 효율적인 사고력 향상에 적절한 내용들로만 구성되어, 아이들로 하여금 많이 생각하게 하고 행동하는 데 도움이 되어 줄 작품만을 골라 엮었습니다.

● 신송민 외 지음

2학년 감동을 주는 EQ동화

한국 아동 문학을 이끌어 온 선생님들의 작품 가운데 어린이들의 정서와 효율적인 사고력 향상에 적절한 내용들로만 구성되어, 아이들로 하여금 많이 생각하게 하고 행동하는 데 도움이 되어 줄 작품만을 골라 엮었습니다.

● 김현우 외 지음

3학년 감동을 주는 EQ동화

한국 아동 문학을 이끌어 온 선생님들의 작품 가운데 어린이들의 정서와 효율적인 사고력 향상에 적절한 내용들로만 구성되어, 아이들로 하여금 많이 생각하게 하고 행동하는 데 도움이 되어 줄 작품만을 골라 엮었습니다.

• 조대현 외 지음

1학년 지혜가 숨어 있는 동화

지혜가 숨어 있는 동화는 한국 아동 문학을 이끌어 온 선생님들의 작품 가운데 어린이들의 정서와 효율적인 사고력 향상에 적절한 내용들로만 구성되어, 아이들로 하여금 많이 생각하게 하고 행동하는 데 도움이 되어 줄 작품만을 골라 엮었습니다.

• 이대호 외 지음

2학년 지혜가 숨어 있는 동화

지혜가 숨어 있는 동화는 한국 아동 문학을 이끌어 온 선생님들의 작품 가운데 어린이들의 정서와 효율적인 사고력 향상에 적절한 내용들로만 구성되어, 아이들로 하여금 많이 생각하게 하고 행동하는 데 도움이 되어 줄 작품만을 골라 엮었습니다.

• 정채봉 외 지음

3학년 지혜가 숨어 있는 동화

지혜가 숨어 있는 동화는 한국 아동 문학을 이끌어 온 선생님들의 작품 가운데 어린이들의 정서와 효율적인 사고력 향상에 적절한 내용들로만 구성되어, 아이들로 하여금 많이 생각하게 하고 행동하는 데 도움이 되어 줄 작품만을 골라 엮었습니다.

• 권용철 외 지음